BASTEI
LÜBBE
TASCHENBUCH

Über die Autorin:

Tinga Horny, 1958 in München geboren, wurde mit vier Jahren adoptiert. Sie war zu diesem Zeitpunkt das einzige chinesische Adoptivkind der Stadt. Sie studierte Sinologie in Peking und Berkeley, arbeitete anschließend für eine US-Firma in Peking. Danach volontierte sie beim Handelsblatt und war für viele Jahre leitende Redakteurin bei *FOCUS Online*. Sie lebt als freie Journalistin in der Nähe von Kiel und schreibt für *Die Zeit*, die *Süddeutsche Zeitung* und das *Handelsblatt*.

Tinga Horny

Die verschenkte Tochter

Wie ich meine leiblichen Eltern suchte und meine wahre Heimat fand

BASTEI LÜBBE
TASCHENBUCH

BASTEI LÜBBE TASCHENBUCH
Band 60850

MIX
Papier aus verantwortungsvollen Quellen
FSC www.fsc.org FSC® C014496

Dieser Titel ist auch als E-Book erschienen.

Vollständige Taschenbuchausgabe

Originalausgabe

Dieses Werk wurde vermittelt durch die Literaturagentur Kai Gathemann

Textredaktion: Dr. Anita Krätzer
Titelmotiv: © shutterstock/XiXinXing
Umschlaggestaltung: Tanja Østlyngen
Satz: hanseatenSatz-bremen, Bremen
Gesetzt aus der Adobe Garamond Pro
Druck und Verarbeitung: GGP Media GmbH, Pößneck
Printed in Germany
ISBN 978-3-404-60850-8

1 3 5 4 2

Für meine »echten« Eltern

Kapitel I

Beinahe wäre ich in das Grab meines Vaters gefallen. Wir haben ihn an einem kalten, verregneten Frühsommertag in Garmisch-Partenkirchen beerdigt. Nachdem der Friedhofsdiener die kupfergeflammte Urne im Loch versenkt hatte, wollte ich nur nachsehen, wie tief sie stand. Ich reckte mich. Dabei verlor ich das Gleichgewicht. Mein Schwager konnte mich gerade noch auffangen.

Denke ich an meinen Vater, denke ich an seine rechte Hand. Die mit dem Ehe- und dem Siegelring. Die rechte, die mir gereicht wurde, wenn wir zusammen loszogen. An ihr hing ich als kleines Mädchen. Viele Sonntagvormittage streiften wir durch die Museen Münchens. Bevorzugt durch die Alte Pinakothek. Gezielt steuerte mein Vater über die riesige Himmelstreppe die Beletage zu den Kabinetten 14 bis 23 an – niederländische Malerei des 17. Jahrhunderts. Dort versenkte er sich dann in die Landschaftsbilder von Ruisdael, van de Velde und van Goyen. Dabei vergaß er mich.

Ich hatte wenig von diesen Besuchen. In den Kabinetten waren die Bilder viel kleinformatiger als in den großen Prunksälen nebenan. Sie hingen außerdem ziemlich hoch. Was ich sah, waren die bespannten Wände, die großen grauen Metallapparate, die die Luftfeuchtigkeit in den Sälen regulierten, und die Staubmäuse, die sich unter den Heizungskörpern angesammelt hatten. Das Einzige, was ich aus meiner Perspektive von unten besser erkennen konnte, waren die toten Vögel und

Hasen, die bunten Blumensträuße, die Schnecken und Insekten auf den Stillleben. Aber die interessierten meinen Papi weniger. Fiel ihm ein, dass es mich auch noch gab, hob er mich auf seinen Arm, zeigte bevorzugt auf Ölgemälde mit Himmel und Wolken und schwärmte von der Pinselführung dieses oder jenes Künstlers – alles Dinge, die ich noch nicht verstand. Trotzdem hätte ich keinen unserer Ausflüge missen wollen.

Verlust und Leere. – Seit dem Tod meines Vaters ziehen Erinnerungsfetzen an unsere gemeinsame Zeit wie Nebelschwaden an mir vorüber. Papi hat alle wichtigen Akzente in den ersten 20 Jahren meines Lebens gesetzt. Grundsätzliches wie Erziehungsprinzipien, Strafen und Lebensentscheidungen hat er bestimmt. Ich war eine Vater-Tochter.

Aber warum weine ich überhaupt um diesen Mann? Selbst in meinen tiefsten Trauermomenten holt mich die Realität ein, und ich muss mir eingestehen, dass ich angesichts des Vater-Verlusts einer schmerzlichen Tatsache nicht mehr entkommen kann. Es ist ein Umstand, den ich lange nicht wahrhaben wollte: »Du warst nie das Kind dieses Mannes. Nie sein leibliches. Gib es endlich zu – du wurdest adoptiert.«

Zu diesem Zeitpunkt bin ich fast in der Mitte meines Lebens angekommen, geschieden, Single und arbeite seit vielen Jahren als freie Reisejournalistin. Ich wohne südlich von München in einem Bauernhaus mit drei Generationen unter einem Dach – meinen Eltern und der Familie meiner Schwester. Ich versuche, meinen Weg zu gehen. Meinen Weg in der Bundesrepublik. Das heißt, ich möchte ein ganz normales Leben führen. Konkrete Ziele oder eine ehrgeizige berufliche Karriere verfolge ich nicht. Ich wünsche mir kein Haus, keine Kinder, keine Reichtümer. Ich muss Geld verdienen, um zu leben. Mehr nicht.

Was ich vermisse, ist ein Gefährte. Aber ich würde nicht alles für eine Partnerschaft tun, dazu hänge ich zu sehr an meiner Unabhängigkeit. Dank meiner Arbeit bin ich oft unterwegs, sehe und erlebe viel. Es bleibt also wenig Zeit, zu grübeln und ständig daran zu denken, dass meine Familie eigentlich gar nicht meine leibliche Familie ist.

Daran werde ich zum Beispiel jedes Mal erinnert, wenn ich von Nichteinheimischen fragende Blicke ernte, weil ich in diesem bayerischen 100-Seelen-Dorf die einzige Chinesin bin. Diese Blicke ignoriere ich seit meiner Kindheit konsequent, genauso wie ich die damit einhergehende Gewissheit permanent verdränge: Ich bin aufgewachsen in einer Gegend und in einem Land, dessen Bewohner meist denken, dass ich nicht dazugehöre.

Wenige Monate nach dem Begräbnis meines Vaters und der Erkenntnis, dass ich nicht mehr vor mir selbst weglaufen kann, greife ich wie ferngesteuert zum Telefonhörer und frage mich telefonisch bis zum Katholischen Jugendfürsorge-Verein der Erzdiözese München und Freising durch. Ich bin dabei weder nervös noch aufgeregt. Recherchieren gehört zu meinem Beruf. In der Regel beginnt man, bei der naheliegendsten Quelle anzurufen, und hangelt sich von dort aus weiter, bis man einen Treffer landet. Aus meinen Unterlagen geht hervor, dass ich 1962 im Alter von vier Jahren adoptiert wurde und mich damals eine Pflegestelle dieses christlichen Vereins betreut hatte. Drei Anrufe später habe ich die für Vormundschaften zuständige Abteilung gefunden.

Der Verein hat seit meiner Adoption mehrmals die Adresse gewechselt. Aber eine Frau A. fühlt sich zuständig und verspricht, die entsprechende Akte für mich herauszusuchen. Ein paar Tage später rufe ich sie wieder an, weil mich auf einmal eine bohrende Unruhe gepackt hat. »Was wäre, wenn …?«, frage ich mich nachts und kann nicht mehr schlafen. Der Gedanke, dass ich bald weiß, wer meine biologischen Eltern sind, lässt mich nicht mehr los. Deshalb muss ich jetzt sofort wissen, ob Frau A. meine Unterlagen bereits gefunden hat. Vielleicht gibt es brauchbare Hinweise, die mir bei meiner Suche nach meinen Eltern weiterhelfen.

»Entschuldigung, aber ich bin so gespannt. Ich kann nicht länger warten. Haben Sie etwas zu meinem Fall gefunden?«, frage ich.

»Ja«, antwortet Frau A., »über Sie gibt es eine ganze Akte.«

»Oh, wunderbar, wann kann ich meine Akte haben?«

»Ich kann Ihnen nicht einfach so die ganze Akte geben«, sagt Frau A., und ich spüre, dass es ihr ein wenig unangenehm ist. »Ich muss zuerst noch meinen Vorgesetzten fragen, was Sie einsehen dürfen. Wir benachrichtigen Sie dann schriftlich.«

»Steht zufällig in meinen Unterlagen, woher meine Eltern kommen?«, hake ich schnell nach.

»Shanghai.«

»Und wann wurden sie geboren?«

»Das darf ich Ihnen nicht sagen.«

»Wie bitte? Warum nicht?«

»Wegen des Datenschutzgesetzes. Sie dürfen nur Teile Ihrer Akte einsehen.«

»Was heißt das denn genau?«

»Alle Adressen und näheren Angaben zu Ihren Eltern unterliegen dem Datenschutz.«

»Wieso?«, frage ich erstaunt.

»Weil Ihre Adoption anonym erfolgt ist. Ihre Eltern haben deshalb das Recht, eine Begegnung mit Ihnen zu verweigern.«

»Bedeutet das, dass ich kein Anrecht darauf habe, sie zu treffen?«

»Genau das. Sie können Ihre Eltern nicht zwingen, Sie zu sehen. In so einem Fall könnte nur eine dritte Partei zwischen Ihnen und Ihren Eltern vermitteln. Also Briefe, Fotos oder Dokumente weiterreichen.«

»Dürfen Sie mir nicht einmal verraten, ob meine Eltern überhaupt noch in Deutschland leben?«

Frau A. überlegt; sie scheint mit sich zu ringen.

»Ich kann Ihnen nur so viel sagen: Ihre Eltern haben am 1. September 1958 das Land verlassen.«

»Und wohin sind sie gegangen?«

»Frau Horny, das darf ich Ihnen wirklich nicht sagen. Es tut mir sehr leid.«

Ich lege auf. Ratlos sitze ich in meinem Büro. An den Datenschutz als potenzielles Hindernis habe ich überhaupt nicht gedacht – dass ein Adoptivkind nicht selbstverständlich die Adresse seiner biologischen Eltern erfahren darf, weil die Eltern das möglicherweise nicht wollen. Was nun? Es gibt sicherlich einen anderen Weg, um an die Informationen zu gelangen. Es finden sich immer Wege, um ein Ziel zu erreichen. Ich muss diesen Weg nur finden.

Zu diesem Zeitpunkt ahne ich noch nicht, dass mich nicht nur die deutschen Datenschutzgesetze mehr als einmal bei meiner Elternsuche behindern werden. Zum Glück! Denn hätte ich gewusst, wie mühsam sich die Nachforschungen nach meinen wahren Eltern gestalten würden, hätte ich vielleicht nie damit begonnen.

Kapitel II

Der Tod meines Vaters mag bei mir die Suche nach meinen physischen Eltern ausgelöst haben. Vielleicht war es die Erkenntnis, dass ich mit meiner Recherche nicht ewig warten konnte. Meine leiblichen Eltern waren sehr wahrscheinlich in einem ähnlichen Alter wie meine Adoptiveltern. Aber welche Motive auch immer mich zu dieser plötzlichen Suche trieben, über eines war ich mir von Anfang an sicher: Ich suchte nicht nach Ersatzeltern. Im Gegenteil. Ich hatte ja Eltern, die mir, als ich klein war, alles gegeben hatten, was ich brauchte. Vor allem eine glückliche Kindheit.

An die ersten drei Jahre in dem katholischen Waisenhaus in der Paosostraße 8 in München, das es heute nicht mehr gibt, erinnere ich mich dagegen so gut wie gar nicht. Nur manchmal, wenn ich zum Beispiel in ein altes Treppenhaus gerate, dessen Stiegen aus Holz und noch mit Wachs gebohnert sind, setzt der Geruch Bruchstücke der Erinnerung an eine weit entfernte Zeit frei. Bohnerwachs ist also das Einzige, an das ich denke, wenn ich Waisenhaus höre.

Meine Kindheit und meine Erinnerungen beginnen erst mit meinen Eltern, meinen Adoptiveltern. Es gibt ein Foto von mir, das auf den 4. Februar 1961 datiert ist. Meine neue Mutter hatte es mit ihrem Agfa-Fotoapparat aufgenommen. Es war der Tag, an dem ich für immer in das Haus meiner Eltern einzog – zunächst als Pflege-, und ein Jahr später als Adoptivkind. Es muss ein außergewöhnlich warmer Wintertag gewesen sein, denn ich trage weder Mantel noch Mütze, und es liegt kein Schnee. Ein wenig unentschlossen stehe ich im Vorgarten und klammere mich an den Stoffbären, den mir meine Mutter bei einer unserer ersten Begegnungen im Waisenhaus mitgebracht hatte. Fragend blicke ich in die Kamera.

Wir haben damals zur Miete in der ersten Etage eines Einfamilienhauses in Grünwald gewohnt. Das Haus stand in einem großen Garten. Die Vermieterin wohnte im Parterre und war eine alte Dame mit einem lustigen Dialekt. »S« sprach sie wie »Sch« aus, und dabei spuckte sie immer ein bisschen. Aber das kümmerte mich wenig. Viel interessanter war es, wenn Tante Talf mich ins Wohnzimmer mit dem Panoramafenster führte, wo sie zur Kommode lief und die quietschende Schublade mit der Tischwäsche aufzog, der ein süßlicher Mottenpulverduft entströmte. Zwischen den gebügelten Tischdecken suchte Tante Talf nach Schokolade.

Sie lebte nicht allein, sondern hatte einen humorlosen, schon in die Jahre gekommenen Schnauzer. Der hieß Berri und knurrte immer, sobald er mich sah. Genauso wie der Wichtel, der Dackel meiner Eltern. Er mochte mich ebenfalls nicht, und das nicht nur, weil er zwei Jahre vor mir in die Familie gekommen war. Wichtel knurrte, weil er mir mindestens einmal pro Tag im Weg lag und ich dann versuchte, über ihn hinwegzusteigen. Meine Beine waren aber zu kurz für dieses Manöver, und deswegen plumpste ich mit schöner Regelmäßigkeit auf ihn drauf.

Meine Welt war Anfang der 1960er-Jahre in Ordnung. Jeden Samstagmorgen ging meine Mutter zum Friseursalon Elsner und ließ sich von der Käthi die »Haare legen«. Das Brot wurde beim Bäcker Angermaier geholt, die Lebensmittel bei Herrn Reich an der Ecke der breiten Grünwalder Straße. Die

Sportschule lag schräg gegenüber. Herr Reich trug immer einen weißen Kittel. In seinem Laden gab es Milch in klaren und in braunen Glasflaschen. Sie waren mit silbrigen Stannioldeckeln verschlossen, die man leicht mit dem Finger eindrücken konnte (was man aber nicht durfte!).

Im Garten hatten die Nachbarskinder und ich den Zaun niedergetreten, um uns gegenseitig schneller besuchen zu können. Manchmal luden sich die Mütter zum Kaffee ein, und wenn sie nicht wollten, dass wir Kinder sie verstanden, dann sprachen sie die »B«-Sprache. »Hababeben Siebie schobon gebehörbört?« Verboten war es, den Chow-Chow vom Nachbarn auf der anderen Seite des Gartens zu streicheln. Er stand meist hechelnd mit heraushängender blauer Zunge am Zaun und schien in seinem dicken Fell zu jeder Jahreszeit zu schwitzen. Es hieß, er würde beißen.

Glaube ich den Erzählungen meiner Eltern, dann hat es Stunden gedauert, mich zu füttern. Angesehen hat man mir das nicht; ich war ziemlich pummelig. Ich saß an dem hellgelben Resopaltisch in der kleinen Küche vor dem hellgelben Teller, und mein Vater ließ den Löffel mit Brei mit einem Sssumm-Geräusch durch die Luft kreisen, bevor der Flieger aus Amerika zur Landung ansetzte. Und ich öffnete den Mund, nahm die Ladung an, aber ich schluckte sie nicht hinunter, sondern schob sie wie ein Hamster seitlich in meine Backen. So lange, bis gar nichts mehr in meinen Mund passte. Jetzt fing Papi an, mit dem Knie zu wackeln und unverdrossen »beißbeiß, kaukau, schluckschluck« wie ein Mantra herunterzuleiern – »beißbeiß, kaukau, schluckschluck«. Einmal bekam ich einen Thermo-Suppenteller mit Struwwelpeter-Motiv geschenkt. Man konnte ihn mit heißem Wasser füllen. Das war toll, denn damit gab es neue Möglichkeiten, das tägliche

Essen noch weiter in die Länge zu ziehen. Ich spielte mit dem Stöpsel und verlangte ständig nach mehr heißem Wasser, um den Teller warm zu halten. Absolut unbrauchbar war dagegen der gekrümmte Struwwelpeter-Kinderlöffel. Er sah sehr interessant aus, war aber nur für Rechtshänder gedacht. Bei mir, einer Linkshänderin, führte er zu erfolglosen Verrenkungen und frustriertem Geschrei. Schneller gegessen habe ich deswegen nicht.

Das Geld war damals knapp. Meine Mutter nähte deshalb all meine Kleider selbst – bevorzugt das, was sie »Hänger« nannte: bequeme Kleidchen ohne Taille, die so kurz waren, dass sie kaum den Hintern bedeckten. Diese Hänger besaß ich in allen Formen, Farben und Materialien, mit und ohne Puffärmel, mit und ohne Borten. Wenn ich Glück hatte, waren diese Kleidchen aus weichem Cord oder Samt. Wenn ich Pech hatte, bestanden sie aus Wollstoff, den meine Mutter günstig gekauft hatte und der furchtbar kratzte.

Einen Hänger aus blassgelbem Feincord mit Bortenaufsatz und austauschbarem weißen Kragen habe ich in meinem ersten Jahr bei meinen Adoptiveltern besonders oft getragen. Er war zusammen mit einem Paar weißer Lederschuhe meine Festtagsausstattung. Ich trug diese Kleidung nicht nur, wenn die Eltern meines Vaters mit uns Ostern und Weihnachten feierten. Ich hatte sie auch auf mindestens zwei Hochzeiten an. Denn 1961 heirateten einige Freunde meiner Eltern, und ich war zum Blumenmädchen auserkoren. Ich spürte bei diesen Anlässen, wie stolz meine Mutter auf mich war. Sie schmolz förmlich dahin, wenn ihr süßer kleiner »Butzebär« in der Kirche vor dem Brautpaar die Blüten auf den Boden streute. Hinterher wurde ich gelobt, und viele Menschen strichen mir über die Haare. Für mich selbst bedeutete der Blumenjob eher

Stress. Ich konnte nicht entspannt lächeln und meine Aufgabe genießen, schließlich waren viele Augen auf mich gerichtet – ein Umstand, den ich von klein auf überhaupt nicht mochte.

Zu den sonntäglichen Ritualen meines neuen Lebens gehörte der Besuch der Messe. Das war die Pflichtkür meines Papis. Nach dem Frühstück reichte er mir die rechte Hand, und wir gingen in die Kirche. Natürlich kamen wir immer zu spät, und alle Sitzplätze waren schon besetzt. Wir mussten deshalb am Kirchenausgang stehen, ein Umstand, der mein Messevergnügen deutlich trübte. So konnte ich weder die schönen Roben vom Pfarrer sehen, noch, was sich da vorn so alles tat in Sachen Weihrauch und Geklingel. Stattdessen starrte ich in einen Wald aus lauter Männerhosenbeinen. Wurde meinem Vater langweilig, ließ er mich auf seine Schuhe steigen und wippte dann mal mit dem einen und mal mit dem anderen Fuß. Das war unser Zeitvertreib bis kurz vor der Wandlung, dem Startschuss, die Kirche wieder diskret zu verlassen.

Meine Kindheit war also völlig ereignislos und beschwerdefrei. Zumindest meiner Erinnerung zufolge. Den unangenehmen Rest muss ich verdrängt haben: die vielen schlaflosen Nächte meiner neuen Eltern, mein Gebrüll und meine Renitenz beim Wechsel vom Waisenhaus nach Grünwald. »Du konntest kaum sprechen, und dein Wortschatz war sehr begrenzt«, erzählte mir meine Mutter, als ich längst erwachsen war. Wochenlang beobachtete ich stumm meine Umgebung. Bei tiefen Männerstimmen zuckte ich zusammen, und anfangs fürchtete ich mich sogar vor meinem Vater. Wenn er abends nach Hause kam, floh ich in die Arme meiner Mutter. Bisher hatte es in meinem Leben nur katholische Ordensschwestern gegeben. Aber auch daran erinnere ich mich nicht mehr.

Kapitel III

»Kind, benimm dich doch«, rügte meine Mutter mich oft, als ich klein war. Sie hatte in solchen Momenten meist rote Flecken im Gesicht, und ich wusste, dass sie sich meinetwegen genierte. »Komm, jetzt gib der netten Tante die Hand«, flehte sie mich an. Aber ich war nicht dazu bereit, der netten Tante meine Hand zu reichen. »Die wird sie nie bekommen«, dachte ich und versteckte mich sicherheitshalber hinter meiner Mama.

Die Aufmerksamkeit fremder Leute habe ich von Anfang an nicht geschätzt. Meine liebenswürdige und sehr auf gute Manieren bedachte Mutter hat darunter ihr ganzes Leben lang gelitten. Sie hatte sich ein hübsches und artiges Mädchen gewünscht. Was sie bekam, war ein widerspenstiges Balg, das nicht nur Fremden die Hand verweigerte, sondern bisweilen sogar nach ihnen schlug. Meine dann peinlich berührte Mutter verstand nie ganz: Ich hatte diese dicken schwarzen Haare, die sich auch noch kringelten. Die anderen sahen mir daher nicht nur in die Augen und ließen Bemerkungen über deren Mandelform oder das tiefe Braun meiner Iris fallen. Nein, ich konnte geradezu darauf warten, dass sie eine Hand ausstreckten, um mir ungefragt über den Kopf zu streichen. Und das nur, weil sie wissen wollten, wie sich chinesische Haare anfühlten.

In der Bundesrepublik lebten in den 1960er Jahren kaum Chinesen. 1967 waren es beispielsweise 477 aus der Volksrepublik China und 1916 aus Taiwan[1]. Chinesische Adoptivkinder gab es nicht. Damals, in der heißen Phase des Kalten Krieges mit der Kuba-Krise und dem Bau der Mauer, sprach man von Rotchina, einem hermetisch abgeriegelten Land. Die Volksrepublik China und die Bundesrepublik nahmen erst 1972 diplomatische Beziehungen auf. Davor gab es keine chinesische Botschaft in Deutschland. Deswegen war ich in den ersten Jahren meiner Existenz staatenlos. Erst 1967 wurde ich eingebürgert. Asiaten waren eine Seltenheit im deutschen Straßenbild. Größere Einwanderungswellen von Boat People gab es erst ab Mitte der 1970er-Jahre nach dem Ende des Vietnamkrieges. Asiaten, vor allem Chinesen, waren zu Beginn des sogenannten Wirtschaftswunders tatsächlich noch ein exotischer Anblick in der Bundesrepublik.

Das haben meine Mutter und ich zu spüren bekommen. Es war nicht schlimm, es hat nicht wehgetan. Zumindest nicht körperlich. Es waren nur neugierige, fragende Blicke, die meine Mutter und ich ernteten, wenn wir auf die Straße gingen. Und das nicht nur in einem Münchner Vorort wie Grünwald, der damals noch eher einen dörflichen Charakter hatte. Wir wurden auch mitten im Stadtzentrum Münchens angestarrt. Im Kaufhaus Beck am Marienplatz, in der Hypo-Bank in der Theatinerstraße, an der Kasse im Parkhaus oder im Café Luitpold an der Briennerstraße. Eine attraktive junge Frau, hellblond, mit einem rundlichen, asiatischen Kleinkind, das Mühe hatte, mit ihr Schritt zu halten.

Noch viel schlimmer war für mich die Begegnung mit anderen Kindern. Im Schutz von Erwachsenen ging es ja noch. Aber meine Schonzeit ging zu Ende, als ich in den Kindergarten kam. Multikulti und politisch korrektes Verhalten gab es in meiner Kindheit noch nicht. Ich wurde wegen meines Aussehens gehänselt, ausgesondert und bisweilen gemobbt. Aber das größte Problem für mich war, dass ich nicht verstand, warum man mir nie glaubte, dass ich Deutsche war. War ich denn wirklich so anders als die anderen? Sah nicht jedes Kind im Kindergarten anders aus als alle anderen? Nur auf zwei Mädchen traf dies nicht zu: ein eineiiges Zwillingspaar.

Wie fast jedes Kind fand ich Fasching großartig. Zumindest so, wie es mir meine Mutter erklärte: »Da darfst du dich verkleiden. Du kannst dir aussuchen, als was du gehen willst.« Das klang sehr vielversprechend, denn eines meiner Lieblingsspiele war schließlich Verkleiden.

In der Wohnung meiner Eltern verbrachte ich Stunden in der engen Kleiderkammer meiner Mutter. Sie besaß ein Paar silberne Riemchensandalen mit Pfennigabsatz. »Kind, fall mir damit bloß nicht um. Dann tust du dir weh«, mahnte sie, während ich in den viel zu großen Schuhen durch den Gang stöckelte. Großzügig ließ sie mich auch mit ihren Schals und Kleidern »feine Dame« spielen. Weniger mochte sie es allerdings, wenn ich ihren Pelzmantel aus der Schutzhülle zog. Ich glaube, sie hatte Angst, dass ich ihr edelstes Kleidungsstück ruinieren würde. Doch dieser Fellmantel zog mich magisch an. Er hatte schwarze, unregelmäßige Flecken auf ockerfarbenem Grund. Ich konnte ihn gar nicht anziehen, er wog Tonnen. Aber er ließ sich streicheln und wie eine schwere Decke über den Stuhl legen. Ich verkroch mich darunter und bildete mir ein, ich wohnte in einem Zelt aus echtem Jaguarfell, absolut unsichtbar im Dschungel.

Das Faschingsfest im Kindergarten war ein willkommener Anlass, endlich einmal als Ballerina aufzutreten. Dazu hatte mir meine Mutter ein himbeerrotes Samtoberteil genäht und daran ein weißes Tutu befestigt. Als Krönung hatte sie in verschiedenen Rosatönen Blumen aus Krepppapier gebastelt und sie an mein Ballettröckchen und in meine Frisur gesteckt. Ich war nicht nur eine berühmte Primaballerina, ich fühlte mich auch wie eine Prinzessin.

Aber dieser Kinderfasching ließ mich zum ersten Mal deutlich spüren, dass ich irgendwie fehl am Platze, eben anders war. Denn unter all den Kaminkehrern, Funkenmariechen, Rittern, Clowns, Marienkäfern, Zauberern und Cowboys gab es eben auch die Zwillinge – und die gingen als Chinesen.

Sie trugen seltsam konisch geformte Hüte, die wie Lampenschirme aussahen, und sonnengelbe Kittel mit geheimnisvollen schwarzen Zeichen. Außerdem hatte jemand ihnen ein dünnes Bärtchen um den Mund gemalt und schwarze, nach oben geschwungene Lider und Augenbrauen.

»Haha, wir gehen als Chinesen – wie du«, lachten sie mich aus.

»Aber ich bin kein Chinese, ich bin eine Ballerina«, antwortete ich irritiert.

Was wollten diese zwei unsympathischen Kinder von mir? Warum zogen sie jetzt auch noch mit den Fingern ihre Augen zu Schlitzen, tanzten um mich herum und sangen:

»Chinese, Chinese, Chinese«?

Ich verstand das nicht, aber ich lief tiefrot an und verspürte ein seltsames Schamgefühl, dessen Grund ich nicht begriff. Was stimmte nicht an mir? Ich trug weder einen komischen Hut noch einen gelben Kittel mit schwarzen Zeichen und schon gar kein dünnes Bärtchen. Ich war doch eine Ballerina. Und auch ohne Faschingsverkleidung sah ich diesen beiden Kostümchinesen in keiner Weise ähnlich. Was wollten diese

Geschwister von mir, und warum kicherte nun auch der Rest der Gruppe schadenfroh, als ich zu weinen begann?

Ich hätte mir in diesem Moment jemanden gewünscht, der mir erklärte, warum es nicht nur auf Faschingsfesten, sondern auch auf Kindergeburtstagen stets einen Moment für mich gab, in dem die gute Stimmung kurzzeitig kippte, weil man mir unterstellte, etwas zu sein, was ich nicht war. Kinder bauten sich vor mir auf und behaupteten: »Meine Mutter sagt, dass du gar nicht aus Deutschland kommst.« Oder: »Meine Eltern sagen, dass deine Mutti gar nicht deine Mutti ist.« Wie reagiert man als Vier- oder Fünfjährige darauf? Natürlich habe ich mich gewehrt: »Ihr lügt, ihr lügt.« Aber geholfen hat es mir nicht. Ich war immer allein mit meiner Meinung.

Meinen Eltern habe ich von diesen Vorfällen so gut wie nie erzählt, ich genierte mich zu sehr dafür. Vielleicht würden sie ebenfalls entdecken, dass ich anders war als die anderen, und mich deswegen für immer verstoßen. Noch Jahre später habe ich – es war mir am Anfang gar nicht bewusst – nach den Chinesenhüten gesucht, die das unfreundliche Zwillingspaar damals auf dem furchtbaren Kinderfasching in Grünwald getragen hatte. Als ich in China studierte, habe ich in jeder Gegend, in die ich kam, nach solchen Kopfbedeckungen Ausschau gehalten – auf Märkten, in Kaufhäusern, an Buden am Straßenrand. Stundenlang habe ich auf den langen Zugfahrten durchs Land zum Fenster hinausgesehen und die Felder systematisch nach dieser typischen Form von Strohhut abgesucht. Aber in China sind mir nie Menschen begegnet, die sich genau mit dieser Hutform gegen die Sonne schützten. Erst auf einer Rucksack-Reise durch Vietnam bin ich schließlich auf solche Hüte gestoßen. Reisbauern trugen sie bei ihrer Arbeit.

Nur einmal hatte ich während meiner Kindheit eine Verschnaufpause vom Leben eines Aliens. Es waren immerhin dreieinhalb Jahre, bevor ich ins Internat nach München ging. Ab 1964 lebten wir in einem alten Bauernhaus auf dem Land. Da war ich sechs Jahre alt. Das Dorf bestand aus zehn Höfen, einer Gastwirtschaft und einer Kirche mit Friedhof. Der nächste Krämerladen lag zwei Kilometer entfernt. Ich ging in eine Zwergschule in Thankirchen, wo es nur ein Klassenzimmer gab. Das bedeutete, dass vier Klassen in einem Raum gleichzeitig unterrichtet wurden. Die Klassen eins bis vier hatten vormittags Unterricht, die Klassen fünf bis acht nachmittags. Und die folgende Woche war es umgekehrt. Im Sommer radelten alle Kinder des Dorfes die fünf Kilometer zur Schule, die Kleinen immer in der Mitte. Im Winter fuhren wir mit den Skiern und nahmen die Abkürzung durchs Kirchenholz. Allerdings nur, wenn der Unterricht am Nachmittag stattfand.

Meine Klassenlehrerin Anni H. hatte schwarz gefärbte Haare und führte ein strenges Regiment. Sie war für ihre Watschen bekannt, die sie gnadenlos austeilte, wenn wir nicht spurten. Meine Ankunft begeisterte sie nicht. Sie strich mir am ersten Tag über den Kopf, was ich hasste, und sagte nicht gerade erfreut: »Na, dann schauen wir mal.« Ein Stadtkind in einer Bauernschule, und dann ausgerechnet noch eine Ausländerin, die zudem adoptiert worden war. Das hatte ihr gerade noch gefehlt!

Aber was für Bedenken, vielleicht sogar Ressentiments, Frau H. auch immer gegen Kinder aus der Stadt im Allgemeinen und gegen Ausländer im Besonderen hatte, sie hat es mich nie spüren lassen. Im Gegenteil. Vielleicht, weil ich als Einzige Hochdeutsch in der Schule sprach. Auf jeden Fall bestimmte mich Lehrerin H. bei der Kommunion meiner Klasse zur Vorbeterin. Und so durfte ich 1967 als Neunjährige aus einem weißen Gebetbuch mit Goldschnitt und hauchdünnen Seiten der Gemeinde von Dietramszell vorlesen.

Ich war sehr stolz und zugleich aufgeregt. Natürlich sah ich so aus, wie meine Mutter es wollte. Ich hätte mir ein Kleid mit vielen Spitzen und Rüschen gewünscht, ein kitschiges weißes Krönchen auf dem Kopf und eine wie mit Zuckerguss verzierte Kerze. Stattdessen nähte meine Mami mir ein weißes Baumwollkleid mit Streifenstruktur und Bolero. Es gab kein kitschiges Krönchen, und auch die Kerze hatte weit weniger Verzierungen als erhofft.

Der Umzug war also eine Befreiung für mich gewesen. Im Gegensatz zu Grünwald hatte ich es auf dem Dorf nicht mit ständig wechselnden und verzogenen Sprösslingen überdurchschnittlich gut verdienender Eltern zu tun. Stattdessen zog ich mit einer überschaubaren Schar von Nachbarskindern herum, deren Eltern meist Bauern oder Handwerker waren. Von Stall zu Stall, von Abenteuer zu Abenteuer.

Zu meinem großen Glück hänselten sie mich auch nicht. An unserem ersten Tag im Dorf hatte mein Papa mich an die Hand genommen, und wir waren von Hof zu Hof gegangen, um uns vorzustellen. Ich wurde angestarrt, vielleicht wurde ich auch aufgezogen, aber nach wenigen Tagen gehörte ich zur Dorfgemeinschaft und durfte überall mitspielen. Niemand mehr sah mich schräg an. Und wenn beispielsweise ein Kind aus dem Nachbardorf kam und tatsächlich mit mir fremdelte, weil es mich nicht kannte, fanden sich schnell Spielkameraden, die mir zur Seite sprangen.

»De kommt fei nia ned von hier«, merkte das Kind aus dem Nachbardorf bei meinem Anblick dann zum Beispiel an und blickte daraufhin in unverständige Gesichter.

»A geh, des is die Tinga«, erwiderte der Sepp dann.

»Aba de is ned von hier«, insistierte das Kind.

»Des stimmt ned, des is die Tinga vom Seeschmied«, lautete die endgültige Antwort vom Sepp, und damit war in den meisten Fällen die Lage geklärt.

Ich war schließlich tatsächlich die »Tinga vom Seeschmied«, dem Namen des alten Bauernhofs, den meine Eltern gekauft hatten. Und weil es diesen Namen bereits seit vielen Generationen in dem Dorf, in dem wir wohnten, gab, war mein Existenzrecht gesichert und alle Zweifel, wohin ich gehörte, beseitigt. Das Leben auf dem Dorf gab mir Sicherheit und eine gewisse Geborgenheit.

Ab sofort aß ich außerdem zweimal zu Mittag. Denn die Bauern, die alle sehr früh morgens das Vieh fütterten und melkten, setzten sich bereits um elf Uhr zu Tisch, bei meiner Mutter jedoch gab es erst um halb eins Essen. Zudem gab es wochentags bei uns zu Hause immer nur einen Gang, allenfalls begleitet von einem Salat. Schräg gegenüber von uns wohnten die Friedls. Das kinderlose Ehepaar bewirtschaftete einen kleinen Bauernhof. Ich half Frau Friedl gern im Stall: Schweine füttern, Milchpulver für die Kälbchen anrühren und aus dem Hühnerstall die Eier holen. Dafür durfte ich mitessen. Bei den Friedls gab es fast immer drei Gänge. Eine Suppe, ein Hauptgericht und oft eine süße Nachspeise. Also habe ich zuerst die Suppe bei den Friedls gelöffelt, den Hauptgang ausgelassen und noch ein bisschen Dessert mitgenascht, bevor ich dann pünktlich zum Mittagessen bei meiner Mutter erschien.

Kapitel IV

Ihre Briefe schrieb meine Mutter an ihrem aufklappbaren Sekretär, einem zierlichen Barockmöbel aus Eiche mit geschnitztem Blattwerk und elegant geschwungenen Beinen, die in stilisierten Tierpfoten endeten – etwas, das mich sehr faszinierte. Der Sekretär hatte eine kleine Schublade, die kaum auffiel, weil Ranken und Blätter aus Holz sie überdeckten.

Ich muss zehn oder elf Jahre alt gewesen sein. Was ich an jenem Tag gesucht habe, weiß ich nicht mehr. Aber ich muss allein zu Hause gewesen sein. Auf jeden Fall zog ich die kleine Schublade auf und kramte in den darin liegenden Dokumenten herum. Und da entdeckte ich sie: meine Adoptionsurkunde. In dem Beschluss des Vormundschafts- und Nachlassgerichts des Münchner Amtsgerichts, Aktenzeichen VII 1518/59, hieß es:

Annahme an Kindes statt Josefine Ting, geboren am 5. Juni 1958 in München. Der Vertrag über Annahme an Kindes statt … des Notars Dr. … wird vormundschaftlich genehmigt. Gezeichnet Kölling, Amtsgerichtsrat, 16. November 1962.

Mir brach der Schweiß aus. Eine unendliche Scham überkam mich, während ich versuchte, die Bedeutung dieser Zeilen zu verstehen. Es fühlte sich an, als hätte man mir ein Brandmal aufgedrückt. Ich war für den Rest meines Lebens stigmatisiert. Ich hatte etwas gelesen, was nicht für mich bestimmt war, aber mir von diesem Moment an für viele Jahre den Boden unter den Füßen wegziehen sollte.

Wie ein Grundstück hatte man mich mit Wertangabe und Gebühren notariell an meine Eltern überschrieben. Aus der Rechnung des Notars geht hervor:

Adoption Geschäftswert	10 000 DM
daraus ergeben sich:	
Notariatsgebühren	80 DM
Schreibgebühren	20 DM
Auslagen	2,50 DM
Umsatzsteuer	4,10 DM
Gesamt:	106,60 DM

Der Amtsgerichtsbeschluss bestätigte jedoch lediglich, was ich lange geahnt, aber verdrängt hatte: nämlich, dass ich eben doch nicht das echte Kind meiner Eltern war, so, wie wir es uns jahrelang vorgemacht hatten. Und noch etwas wusste ich: Von dieser Entdeckung durften meine Eltern, vor allem meine Mutter, nie etwas erfahren. Denn zwischen mir und ihnen stand von Anfang an ein nie ausgesprochenes Problem: die beharrliche Verdrängung meiner Adoption.

Meine Eltern haben mir, als ich klein war, nicht gesagt, dass ich Chinesin bin und von ihnen adoptiert wurde. Sie haben es aber auch nicht abgestritten. Es war für sie einfach kein Thema. Meine Adoption und mein Anders-Aussehen wurden deshalb zu einem großen Tabuthema in meiner Familie. Wir redeten nie darüber; es war uns unangenehm, und es tat weh. Dass es einen deutlich optischen Unterschied zwischen mir und meinen Adoptiveltern gab, fiel uns ohnehin schon lange nicht mehr auf. Ich war einfach ihr Kind, und das hat uns alle farbenblind gemacht.

Natürlich wussten unsere Verwandten, Freunde und Bekannten, wo ich herkam. Aber auch für sie war mein Anders-Aussehen keine Frage mehr wert, sondern zur Gewohnheit geworden. Das ist ein Phänomen, das viele kennen: Egal ob es sich um eine andere Hautfarbe, eine Behinderung oder eine Krankheit handelt – wenn man einen Menschen täglich sieht und mit ihm lebt, nimmt man seine hervorstechende Andersartigkeit nach kurzer Zeit nicht mehr als fremd wahr. Bei meinen Freunden nenne ich diesen Vorgang »Einsehen«. Das heißt, nach einer gewissen Zeit fällt ihnen gar nicht mehr auf, dass ich chinesisch aussehe, sondern ich bin einfach nur »die Tinga«, also nur der Mensch und nicht die ausländisch aussehende Person, die auf den ersten Blick auffällt und nach Ansicht einiger Deutschen vielleicht gar keine Deutsche sein dürfte.

Es hätte mir allerdings als Kind auch wenig geholfen zu wissen, dass ich Chinesin bin. Ich wusste schließlich gar nicht, was ein Chinese oder was China war. Beim Turnen in der Volksschule saß ich wie alle Kinder im Kreis und grölte »Drei Chinesen mit dem Kontrabass« mit. Besonders lustig war das natürlich, wenn dann beim zweiten und dritten Mal die Vokale verändert wurden und es »Dri Chinisin mit dim Kintribiss« oder »Dra Chanasan mat dam Kantrabass« hieß. Da kicherte die ganze Klasse – ich auch. Ich habe mich nur immer gewundert, dass mich einige Kinder besonders intensiv anstarrten, wenn wir das Lied anstimmten. Aber diese unangenehmen Blicke habe ich schnell beiseitegeschoben, denn ich sang sehr gern in der Gruppe. Und außerdem beschäftigte mich eine ganz andere Frage: Warum sitzen Chinesen offenbar am helllichten Tage mit einem so großen Musikinstrument auf der Straße?

Auf Geburtstagen, Hochzeiten oder Sommerfesten wollten Neugierige von meinem Vater wissen, wie meine Eltern zu mir gekommen waren. Ich staune noch heute, mit wie wenig Taktgefühl Unbekannte auf uns zukamen und Dinge wissen wollten, die sie doch eigentlich gar nichts angingen oder die man doch erst fragt, wenn man sich besser kennt.

»Herr Horny, woher haben Sie denn das Kind?«

»Pardon, was meinen Sie?«, stellte sich mein Vater dumm.

»Na ja, das Kind. Das ist doch nicht Ihres? Wo kommt es denn her?«

»Das ist meine Tochter«, pflegte mein Papi dann kurz angebunden zu antworten und ließ die Person mit den lästigen Fragen mit einem beharrlichen Schweigen einfach abblitzen.

In solchen Momenten überkam mich eine große Genugtuung, denn sie zeigten mir: Mein Papi und ich – wir gehörten zusammen. Als Kind war ich also die meiste Zeit in einem sicheren Kokon aus Familie und Freunden aufgehoben, wo mich nicht ständig jemand fragte, ob meine Eltern tatsächlich meine Eltern seien.

Es lag auch außerhalb meiner Vorstellungskraft, dass meine leiblichen Eltern anders aussehen könnten als meine Adoptiveltern. Obwohl mich die Kinder im Kindergarten und in der Schule ständig daran erinnerten, dass meine Mutter nicht meine Mutter war, interessierte es mich lange Zeit nicht, woher ich kam. Ob nun aus diesem Bauch oder aus jenem, das war für mich kein Thema. Aber ich grämte mich, weil viele Kinder so gemein waren und meiner Meinung nach völlig falschlagen. Schließlich hatten nicht sie recht, sondern ich: Ich war das Kind meiner Eltern. Auf meine Frage: »Bin ich euer Kind?«, antworteten Papa oder Mami immer mit einem beinahe beleidigten Unterton, weil sie die Frage an sich schon aberwitzig fanden: »Ja selbstverständlich, was denkst du denn?«

Ich konnte mir, als ich klein war, deswegen nicht vorstellen, dass meine Eltern nicht meine Eltern waren. Ich hatte auch überhaupt kein Problem damit, dass wir uns nicht ähnlich sahen. Ich kannte es ja nicht anders. Ich wäre nie auf die Idee gekommen, so aussehen zu wollen wie meine Mutter. Warum sollte ich mir so blonde Haare, wie meine Mama sie hatte, wünschen? Noch dazu, wo sie sich immer nur über ihre dünnen »Schnittlauchlocken« beklagte, die sich nur mit jeder Menge Haarspray in die ondulierten Kunstwerke der 1960er-Jahre formen ließen. Ich bildete mir ein, dass ich stattdessen mehr nach meinem Vater schlug. Der hatte schwarze, leicht gewellte Haare, eine dunklere Haut als meine Mutter und wurde im Sommer genau wie ich im Handumdrehen braun.

Mein Vater, meine Mutter und ich, später auch meine kleine blonde Schwester (das »echte« Kind meiner Eltern) – wir haben also nie bemerkt, dass ich eine Chinesin bin und keine, ja was – Deutsche?, oder wie man in den USA sagen würde: Kaukasierin. Wenn ich meine Eltern fragte, wo ich geboren wurde, dann antworteten sie: »Im Rotkreuz-Krankenhaus in der Nymphenburger Straße.« Wenn ich fragte, woher sie kämen, dann lautete die Antwort Germersheim (meine Mutter) und Wiesbaden (mein Vater). Natürlich habe ich das auch all den Kindern gesagt, die mich fragten, woher meine Eltern kamen. Aber die meisten haben es mir nicht geglaubt, und im besten Fall wurde ich dafür ausgelacht.

Die Kinder hatten natürlich recht. Meine Eltern waren nicht meine leiblichen Eltern. Meine Familie wollte das lediglich nicht zur Kenntnis nehmen. Nur einmal hatte ich, da ging ich noch nicht aufs Gymnasium, meinen ganzen Mut zusammengenommen und meine Mutter gefragt:

»Wo sind eigentlich meine echten Eltern?«

»Um Gottes willen, Tinga, was stellst du denn für Fragen?« Alarmiert blickte mir meine Mutter in die Augen.

»Alle sagen, dass ich nicht euer Kind bin. Wo sind meine richtigen Eltern?«, wiederholte ich meine Frage.

»Kind, willst du das denn wirklich wissen?«

Jetzt herrschte absolute Stille im Raum. Ich konnte meine Mutter atmen hören, bevor sich mich aufforderte:

»Setz dich mal. Es ist eine ganz traurige Geschichte.«

»Wieso traurig?«

»Weil deine Eltern nicht mehr in München leben. Sie haben zwar hier studiert, aber sie sind mit dem Flugzeug nach Hongkong zurückgeflogen.«

»Nach Hongkong? Ohne mich?«

»Ja, so ist es. Wir wissen nicht warum. Aber wir wissen, dass es einen schrecklichen Unfall gegeben hat.«

»Unfall?«

»Das Flugzeug ist abgestürzt, und niemand hat überlebt«, sagte meine Mutter und sah mich betroffen an. Die Nachricht vom Tod meiner chinesischen Eltern stürzte mich nicht in Verzweiflung. Ich weinte damals nicht. Ich tat mir in dem Moment, als mir meine Mutter diese »Wahrheit« auftischte, nur selbst unendlich leid. Doch dieses Gefühl verflog im Nu, als meine Mami mich in den Arm nahm und tröstete: »Tinga, der Papi und ich – wir werden für immer deine echten Eltern sein.«

Als ich meine Adoptionsurkunde wieder in die Schublade legte, war mir deshalb klar, dass ich meinen Eltern, vor allem meiner Mutter, nie erzählen würde, was ich soeben gelesen hatte. Zu groß war das Tabu, darüber zu sprechen.

Kapitel V

Ich habe nie verstanden, warum die Kinder »Tschingtschangtschong« hinter mir herbrüllten. Es hörte sich nicht freundlich an. Vielmehr gab es mir jedes Mal einen Stich ins Herz. Es war eine ständige Erinnerung, dass ich nicht dazugehörte. Aber ich war hilflos und konnte mit diesen Lauten nichts verbinden. Was hätte ich zurückschreien, wie hätte ich mich wehren können?

Erst vor Kurzem ging ich in München-Haidhausen an einer Schule vorbei, in deren Pausenhof Kinder spielten. Als ein paar von ihnen mir unvermittelt »Tschingtschangtschong« hinterherriefen, durchzuckte es mich, als hätte ich einen Stromschlag erhalten, und für einen Bruchteil von Sekunden erinnerte ich mich an meine Kindheit, an die empfundene Demütigung, an die verzweifelte Hilflosigkeit in mir.

Meine Familie war für ein chinesisches Adoptivkind schlecht gerüstet. In den 1960er-Jahren las man noch keine How-to-do-Bücher über Kindererziehung, keine über Pflegekinder und schon gar keine Gebrauchsanweisungen für ausländische, nicht weiße Adoptivkinder. Genauso wenig wie man über die Nazizeit und das sprach, was die Generationen meiner Großeltern und Eltern den Juden, anderen Minderheiten sowie Andersdenkenden angetan hatten.

Meine Eltern sind noch autoritär und vor allem mit und zu eiserner Disziplin erzogen worden. Kinder saßen nicht gleichberechtigt am Tisch und aßen mit Mama und Papa. Sie plapperten nicht einfach drauflos. Sie sprachen nur, wenn sie gefragt wurden. In den 1920er- und 1930er-Jahren war es noch nicht üblich, sich als Erwachsener in die fragilen Seelen von Heranwachsenden hineinzuversetzen. Empathie gehörte nicht zu den expliziten Erziehungszielen des Dritten Reichs. Im Gegenteil: Meine Mutter übte beim BDM (Bund Deutscher Mädchen) das Marschieren, und eine meiner Tanten väterlicherseits sang mit großer Begeisterung am Lagerfeuer Nazilieder.

Wie also hätten sich mein Vater und meine Mutter in die Psyche eines Kindes einfühlen können, noch dazu in die eines fremd aussehenden? Ganz zu schweigen davon, es pädagogisch angemessen auf Diskriminierung und Hänseleien vorzubereiten. Ausgerechnet die Generation, die während der Nazizeit groß geworden war? Weder mein Vater noch meine Mutter wären auf die Idee gekommen, sich zusammen mit mir vor den Spiegel zu stellen – so wie es vom Adoptivvater des ehemaligen FDP-Politikers Philipp Rösler kolportiert wird –, um mir zu erklären: »Schau mal, du siehst zwar anders aus als wir, weil deine biologischen Eltern aus China kommen. Aber das macht nichts, wir lieben dich, wir sind deine emotionalen Eltern.« Das Wort Rasse hat mein Vater niemals in den Mund genommen – zumindest nie in meiner Gegenwart. Für ihn waren alle Menschen gleich, und deshalb nahm er die Probleme, die ich mit dem Anders-Aussehen hatte, schlichtweg nicht zur Kenntnis.

Und schließlich waren Adoptionen in meiner Kindheit noch nicht zum internationalen Millionengeschäft geworden. Auf Adoptivkindern klebte noch kein Preisschild. Das Internet, das einem die Welt auf einen Klick präsentierte, war noch nicht erfunden worden. Es gab daher noch kein WikiHow mit detaillierten Infos zu »How to adopt a baby from China«. Das Adoptieren von ausländischen Kindern sollte erst ungefähr zwanzig Jahre, nachdem mich meine Eltern angenommen hatten, einen Boom erfahren.

Wie in jedem Big Business entstanden nun Adoptions-Trends[2]. In den 1980er-Jahren zählten zum Beispiel acht lateinamerikanische Staaten zu den »Top 12« der Kinder abgebenden Länder, darunter Guatemala, Kolumbien, Haiti. Nach dem Ende der Sowjetunion entwickelte sich Russland zu einem Großlieferanten von Adoptivkindern. Seit 1992 hat Putins Land über 110 000 Kinder zur internationalen Adoption freigegeben. Das entspricht einem Anteil von mehr als der Hälfte aller Adoptionen osteuropäischer Kinder.

Auch die Volksrepublik China stieg damals in das Geschäft mit internationalen Adoptionen groß ein. Möglich wurde dies 1992 durch die Gesetze für Auslandsadoptionen, die den Export von Kindern erheblich vereinfachten. Die neue Gesetzgebung löste vor allem in den USA einen Adoptions-Boom aus. Rund 100 000 chinesische Kinder wurden in den vergangenen zwei Dekaden von Ausländern adoptiert. Es handelte sich dabei überwiegend um Mädchen, die unter nicht immer transparenten Umständen auf den Adoptionsmarkt kamen.

1962, als ich adoptiert wurde, waren Auslandsadoptionen jedoch noch kein Routinegeschäft. Kinder nahm man damals in erster Linie zu sich, um etwas Gutes zu tun und um zu helfen. Zwei Dekaden später wurde dieses Motiv immer öfter von dem Bedürfnis kinderloser Paare überlagert, durch angenommene Kinder eine Familie zu vervollständigen. Das Wissen über Probleme, die adoptierte Kinder mit anderer Hautfarbe in der Bundesrepublik bekommen können, und über die

Möglichkeiten, wie man die Betroffenen darauf vorbereiten kann, war spärlich.

Meine Eltern haben mir bei dem komplizierten Prozess der Anpassung und Akzeptanz nur bedingt geholfen. Sie konnten es nicht, weil sie die Schwierigkeiten, die ich mit meinem Anders-Aussehen hatte, nie richtig verstanden. Aber das war keine böse Absicht, sondern schlichtweg Ignoranz, die dem Zeitgeist der 1960er-Jahre entsprach. Deswegen konnte ich, als ich aufwuchs, nicht erklären, warum das, was Fremde in mir sahen, überhaupt keinen Bezug zu mir hatte. Ein ausländisches Kind, das mit seinen Eltern in die Bundesrepublik einwandert, muss mit Diskriminierung und Ausgrenzung rechnen. Aber es wird keine Probleme haben, zu akzeptieren, dass es aus dem Land XY stammt. Im Gegenteil, es wird wahrscheinlich seine Herkunft stolz verteidigen. Seine Eltern kommen schließlich daher, und zu Hause werden deshalb vermutlich noch ganz bestimmte Familien- oder Landestraditionen gepflegt.

Mit China aber hat mich nichts verbunden. Wir kannten keine Chinesen. Auch gehörte ich nicht zu der Gruppe südkoreanischer Adoptivkinder, die nach dem Ende des Koreakrieges nach Deutschland gekommen waren. Ich war auch weder eine taiwanesische noch eine südkoreanische Krankenschwester, wie sie in den späteren 1960er-Jahren von der Bundesrepublik angeworben wurden. Und zu den vietnamesischen Boat People zählte ich ebenso wenig wie zu der immer größer werdenden Gruppe thailändischer Ehefrauen.

Je älter ich wurde, desto öfter stieß ich mit meinem chinesischen Aussehen an Grenzen, die ich nicht verstand, sondern leugnete und für die ich nicht gewappnet war. Ich lief buchstäblich gegen unsichtbare Wände. Noch immer glaubte mir niemand, dass ich aus München kam. Noch immer erntete ich

Gelächter, wenn ich erklärte, dass ich Deutsche sei. Wie oft musste ich die Frage beantworten: »Aber woher sprechen Sie denn so gut Deutsch?«

Ich bewegte mich ungern unter fremden Menschen. Partys waren für mich als Teenager jedes Mal eine Herausforderung, denn bestimmt gab es ein oder zwei Fremde, die mir mit ihren aufdringlichen Fragen den Abend verdarben.

Das war auch der Grund, warum ich nie tanzen gelernt habe. Meine Freundinnen waren furchtbar aufgeregt bei dem Gedanken, Tanzen zu lernen und dabei vor allem mit Jungs zusammenzukommen! Ich war nicht ganz so aufgeregt, weil ich mir ausrechnen konnte, was da auf mich zukommen würde. Und natürlich passierte, was passieren musste: Zuerst bekam ich nur den übrig gebliebenen Jungen als Tanzpartner ab. Vielleicht, weil ich so anders aussah, vielleicht aber auch nur, weil die Pubertät nicht meine beste Zeit war und ich eher mit einem grimmigen Gesichtsausdruck durch die Welt lief. Jedenfalls fragte mich dieser übrig gebliebene Junge in der Pause:

»Wo bist du denn geboren worden?«

»In München.«

»Aber du bist doch nicht von hier?«

»Doch.«

»Ja, aber deine Eltern, wo kommen denn deine Eltern her?«, insistierte der Jungmann, den auch keiner wollte.

»Die kommen auch von hier«, antwortete ich genervt.

»Komm, sag die Wahrheit, das kann nicht sein«, bohrte mein Tanzpartner weiter.

Daraufhin bin ich aufgestanden und gegangen. Eine Methode, die ich in meinem späteren Leben noch viele Male angewendet habe. Das war zwar nicht höflich, aber es war Notwehr.

Viele Freunde und Bekannte, die meine Verzweiflung wegen dieses lästigen Themas kannten, haben mir über die Jahre erklärt, dass all die ungezählten fremden Leute, die nach meiner Herkunft fragten, es nicht böse meinten.

»Du, ich glaube, dass die meisten, die dich nach deiner Herkunft fragen, nur freundlich sein wollen«, erklärte mir meine pragmatische Schulfreundin Verena, nachdem ich wieder einmal jemanden wegen seiner lästigen Fragen vor den Kopf gestoßen hatte.

»So sehe ich das aber ganz und gar nicht«, antwortete ich, »das geht niemanden was an.«

»Aber das sehen die meisten anders. Die sehen dich und sind einfach nur an dir interessiert, und du trittst ihnen so feindselig entgegen.«

»Das ist nicht mein Problem«, schoss ich zurück. »Ich frage sie ja auch nicht nach ihren Eltern aus und woher die kommen. Ich frage auch nicht, was ihre Großeltern im Dritten Reich gemacht haben.«

»Jetzt lass mal die Kirche im Dorf. Niemand will dich verletzen. Für viele ist die Frage nach deinen Eltern einfach nur ein Weg, um eine Konversation zu beginnen. Keiner will dich beleidigen.«

Verena hatte natürlich recht. Aus ihrem Blickwinkel. Aber ich empfand das völlig anders. Denn jedes Mal, wenn ich diesen Fragen ausgesetzt war, brannte das Stigma der Adoption in mir und mit ihr die Scham, aber auch die Wut über das Nicht-Dazugehören.

Auch meine Mutter bekam diese Wut, die ich in mir trug, zu spüren. Einmal drohte ich ihr sogar, nach meinen natürlichen Eltern zu suchen. Da war ich ein renitenter Teenager. Während einer heftigen Auseinandersetzung fielen böse Worte.

»Weißt du was, Mama, wenn es dir nicht passt, kann ich ja gehen.«

»Was meinst du damit?«

»Ich geh einfach, ich hau ab. Ich such nach meiner echten Mutter!«

»Aber ich bin doch deine Mutter!«

»Bist du nicht. Ich bin nur adoptiert.«

»Aber ich und der Papa sind deine einzige Familie.«

»Seid ihr nicht. Ihr habt mich nur erworben. Wir gehören nicht zusammen.«

In diesem Moment wusste ich, dass ich eine unsichtbare Grenze überschritten hatte. Meine Mutter wurde ganz still und sagte, bevor sie das Zimmer verließ, nicht drohend, sondern resigniert:

»Tinga, das kannst du mir nicht antun. Das würde ich nicht ertragen.«

In dieser Sekunde begriff ich, wie groß ihre Angst sein musste, mich zu verlieren. Für lange Zeit habe ich danach noch nicht einmal mehr mit dem Gedanken gespielt, auf Elternsuche zu gehen. Zu groß war meine Furcht vor der tiefen Verzweiflung meiner Adoptivmutter.

Dennoch, indirekt habe ich seit dem Tag, als ich meine Adoptionsurkunde entdeckte, begonnen, nach meinem Ursprung zu suchen. Nur habe ich lange gar nicht bemerkt, was da mit mir geschah. Ich begann instinktiv, alles über das geheimnisvolle Rotchina zu lesen, über Mao und den Langen Marsch. Meine Eltern haben mich dabei von Anfang an unterstützt.

Ich weiß nicht, ob meinetwegen oder weil ihn die fernöstliche Ästhetik schon damals so faszinierte, aber bereits in meiner Kindheit schwärmte mein Vater von der Kalligrafie, den

Tuschbildern und der Gartenkunst Chinas. Wir nannten das nicht Wurzelsuche, aber de facto lief es darauf hinaus.

In meiner Pubertät intensivierte sich meine Beschäftigung mit China. Ich war zu diesem Zeitpunkt Schülerin im Max-Josef-Stift, einem Münchner Mädcheninternat. Nach dem Mittagessen und bevor wir zum Hausaufgabenmachen in die Klassenzimmer gingen, zog ich mich in meinen Schrank zurück. Der war Teil einer ganzen Reihe von Schränken im Vorraum zum Schlafsaal, den wir tagsüber nicht betreten durften. An diesem Ort war es zwischen 13 und 15 Uhr ruhig, weil sich um diese Zeit die meisten meiner Mitschülerinnen entweder im Gemeinschaftszimmer oder im Garten aufhielten. Wir hatten zwei Stunden Freizeit.

Mao Tse-tung habe ich durch eine Biografie mit dem vielsagenden Titel »Der Herr der blauen Ameisen« kennengelernt. Ich konnte mir daraus keinen Reim machen. Beim Lesen habe ich damals bestenfalls die Hälfte verstanden. Aber zwei Dinge prägten sich mir ein: Einmal fand ich die Bezeichnung von Chinas Einwohnern als »Ameisen« ziemlich degradierend. Offenbar bezeichnete man sie nur deshalb so, weil sie alle die gleiche blaue Einheitskleidung trugen. Zum anderen träumte ich von nun an von der Revolution. Angesichts der flammenden Berichte, die von den US-Journalisten Edgar Snow und Agnes Smedley über den Langen Marsch und den Siegeszug der Kommunisten um die Welt gingen, bedauerte ich es geradezu, dass ich zu jung war, um diese Epoche miterlebt zu haben. Zu gern wäre ich, wie es Edgar Snow in seinem Bestseller »Roter Stern über China« beschreibt, auf einem Pferd neben Mao in die Zukunft geritten.

Nach dem Abitur habe ich deshalb ohne viel nachzudenken

Sinologie studiert und alles darangesetzt, möglichst schnell nach China zu kommen. Ich habe dabei keine Sekunde lang daran gezweifelt, dass mir dies nicht gelingen könnte. 1978/79 reiste allerdings noch niemand ohne besonderen Anlass in die Volksrepublik China. Zwar gab es diplomatische Beziehungen zu Westdeutschland, aber der Kreis der China-Reisenden war auf Handelsdelegationen, Diplomaten und Wissenschaftler beschränkt. Doch das konnte mich nicht von meinem Ziel abhalten. Ich war überzeugt davon, dass ich der Volksrepublik nur erzählen musste, wer ich war und was ich wollte, um nach China zu gelangen. Deshalb schrieb ich eines Tages einen langen Brief an die chinesische Botschaft in Bonn, in dem ich von meinem bisherigen Leben und meinem Schicksal als chinesisches Adoptivkind berichtete: »Sehr geehrte Damen und Herren ...«

Viele Monate lang hörte ich nichts von der Botschaft. Ich fürchtete schon, dass mein Brief im Papierkorb gelandet war. Wen interessierte eine deutsche Chinesin, die gern das revolutionäre China kennenlernen wollte?

Mein Timing war jedoch perfekt, und zwei glückliche Umstände verliehen meinem Anliegen mehr Nachdruck. Erstens hatte mich mein Chinesischlehrer in Hamburg mit einer alten Dame bekannt gemacht: Anna Wang. Sie zählte zu den wenigen Deutschen, die in den 1930er-Jahren im innersten Zirkel der Kommunisten gelebt hatte. Sie hatte Mao persönlich gekannt und war sogar mit meinen Idolen Edgar Snow und Agnes Smedley befreundet gewesen. Diesen Zugang verdankte sie ihrem Mann, einem chinesischen Revolutionär, den sie in Berlin kennengelernt hatte. Das Paar heiratete und kehrte nach China zurück. Nach der Gründung der Volksrepublik machte Frau Wangs Mann Karriere und avancierte zum stellvertretenden Außenminister Chinas. Obwohl Anna Wang inzwischen längst von ihrem Mann geschieden war und wieder in der Bundesrepublik lebte, hatte sie für mich ein gutes Wort bei ihrem Exmann eingelegt.

Der zweite Umstand bestand in der Tatsache, dass der Studentenaustausch zwischen der Bundesrepublik Deutschland und der Volksrepublik China in der zweiten Hälfte der 1970er-Jahre langsam in Gang kam. Deswegen fiel es den chinesischen Behörden leichter, meinem Wunsch, Chinesisch zu studieren und das Land zu erleben, nachzukommen. Sie schlugen mir vor, zunächst mit einer Gruppe von deutschen Sinologen einen Sprachkurs in Peking zu absolvieren. Außerdem stellte man mir in Aussicht, dass ich mich danach als Studentin an einer der Universitäten, die für Ausländer geöffnet waren, einschreiben durfte. Vorerst aber erhielt ich am 22. Juni 1979 nur eine zweizeilige Nachricht von der chinesischen Botschaft:

Sehr geehrte Frau Horny,
bitte füllen Sie dieses Formular aus, und schicken Sie es mit zwei Passfotos umgehend an die Botschaft zurück.

Sechs Tage später saß ich im Flugzeug nach Peking. Der Hin- und Rückflug kostete 2400 DM. Meine Eltern zögerten nicht einen Moment lang, mir diese Reise zu finanzieren. Das Rückflug-Ticket war nicht datiert, denn ich wusste nicht, wann ich zurückkommen würde.

Kapitel VI

Nachdem mir im Sommer 1979 der große Sprung nach China gelungen war, dachte ich für viele Jahre nicht mehr an Deutschland. Ich habe keinen Gedanken daran verschwendet, wie schwer es meinen Eltern gefallen sein musste, mich gehen zu lassen. Das Kind loszulassen, ohne zu wissen, wohin es geht, wie es lebt und vor allem, wann und ob es wieder zurückkommt. China war für meinen Vater und meine Mutter, aber auch für mich bis zu dieser Abreise ein abstrakter Begriff. Am Frankfurter Flughafen haben wir uns verabschiedet wie immer, wenn ich am Montagmorgen ins Internat zurückkehrte: eine flüchtige Umarmung, ein Bussi – kurz und schmerzlos. Bloß nicht zögern, bloß nicht umdrehen, sonst wird die Trennung zu sentimental.

Ich war mir lange nicht klar darüber gewesen, was ich von China erwartete und was ich in diesem fremden Land wollte. Hätte ich deutsch ausgesehen, wäre ich mit Sicherheit nie auf die Idee gekommen, nach China zu gehen. Es hätte mir nie jemand »Tschingtschangtschong« nachgerufen, und deswegen hätte es für mich nie einen Grund gegeben, herausfinden zu wollen, woher diese seltsamen Laute stammten. Ja, ich musste als Erstes die Sprache lernen, und später würde ich mich für Neuere Geschichte an der Universität einschreiben. Ja, das interessierte mich. Aber letzten Endes war mein Studium nur ein Vorwand, eine Entschuldigung, um mich in einem Land aufzuhalten, von dem die meisten Deutschen dachten, dass ich dorthin gehörte. Meine akademischen Ambitionen in Sachen Sinologie waren folglich begrenzt.

China war keine Liebe auf den ersten Blick für mich. Es war nicht so, dass ich in Peking landete und mich dort sofort zu Hause fühlte. Nur weil plötzlich alle Menschen um mich herum mir ähnlicher sahen als meiner blonden Mutter, spürte ich nicht sofort eine automatische Verbundenheit mit ihnen. Diese vielen Chinesen waren mir genauso fremd wie jedem anderen Deutschen oder Ausländer, der noch nie chinesischen Boden betreten hatte. Und ich war erst einmal tagelang gelähmt von der Armut des alltäglichen Lebens. Auch noch Jahre später faszinierte mich die Art und Weise, wie die Einheimischen mit bescheidensten Mitteln lebten – ohne Kühlschrank, ohne Fernseher, ohne eigenes Bad und Toilette, ohne fließendes heißes Wasser. In Peking stieß ich also zunächst einmal nicht auf meine Wurzeln, sondern auf das Wohlstandsgefälle zwischen Deutschland und China.

Wer keine Getreidemarken hatte, konnte sich weder Reis kaufen noch sich im Restaurant ein Reisgericht bestellen. Für ein T-Shirt aus Pekings einzigem Kaufhaus musste man ebenfalls Marken – Baumwollcoupons – haben. Niemand suchte sich einfach eine Arbeitsstelle. Die wurde einem zugewiesen. Und niemand zog einfach so von einem Ort zum anderen. Das war verboten.

Wir Auslandsstudenten durften Peking auch nur mit der Erlaubnis des Sicherheitsamts verlassen. Für die Besichtigung der Tonarmee bei Xian brauchten wir genauso eine offizielle Reiseerlaubnis wie für einen Ausflug in Pekings Nachbarstadt Tianjin. Die meisten chinesischen Städte waren ohnehin für uns »bu kaifang«, nicht offen für Ausländer.

Zunächst studierte ich zwei Semester am Pekinger Spracheninstitut Chinesisch, bevor mir der Deutsche Akademische Austauschdienst zwei Semester an der Peking-Universität spendierte.

Dann blieb ich hängen. Gleich im ersten Semester am Pekinger Spracheninstitut hatte ich mich verliebt. Josh und ich gingen in dieselbe Klasse. Durch Zufall saßen wir nebeneinander. Josh kam aus San Francisco. Wir heirateten und arbeiteten noch ein paar Jahre für amerikanische Firmen in China. Es war die Zeit, als Chinas Premier Deng Xiao-Ping das Land Schritt für Schritt öffnete und die ersten westlichen Firmen mit Repräsentanzen nach China drängten. Mehrsprachige Scouts wie ich wurden ständig gesucht.

Glitzernde Büro- und Verwaltungshochhäuser gab es zu diesem Zeitpunkt noch nicht in Peking. In der Innenstadt war kein Gebäude höher als die Verbotene Stadt – Chinas Kaiserpalast. Nur der in den 1970er Jahren entstandene Hochhausflügel des Peking Hotels im Stadtzentrum ragte mit 89 Metern in den Himmel. Wenn Firmen Büros eröffnen wollten, mussten sie sich gegen horrende Mieten in harter Währung (US-Dollar) in Hotel-Suiten einmieten und bis zur letzten Büroklammer alles gegen hohe Zölle aus Hongkong einführen.

Ich fand einen Job bei einer kleinen US-Firma. Mein Mann kannte die Besitzerin, eine sehr ehrgeizige New Yorkerin mit besten Verbindungen. Sie konnte eine Deutsche gut gebrauchen, denn einer ihrer wichtigsten Kunden kam aus der Bundesrepublik. Erneut war ich der Exot, sozusagen die Deutsche in Camouflage. Wie immer wurde mein perfektes Deutsch bewundert, und meine Chefin konnte – nicht ohne ein gewisses Grinsen im Gesicht – gar nicht oft genug betonen: »You know, she is a real German.« In diesen Momenten lief ich rot an. Am liebsten wäre im Boden versunken.

Das Geschäft meiner Firma bestand darin, ausländische Unternehmen in China zu vertreten und sie bei ihren geschäftlichen Aktivitäten zu beraten. Mein Klient aus Frankfurt handelte unter anderem im großen Stil mit Rohstoffen, und so mussten Fragen wie »In welcher Region wird Antimon produziert, und wer vertreibt es?« beantwortet werden. Kamen Rohstoffhändler, Geologen oder Bergwerksingenieure nach China, dann war es meine Aufgabe, zu übersetzen sowie Hotelzimmer, Flüge und die Geschäftstermine für die Reisen aufs Land zu organisieren. Statt Tempel, Pagoden und Ausgrabungen besichtigten wir Ölfelder, Berggruben und Fabriken.

Zugleich fungierte ich auch als eine Art interkulturelle Vermittlerin. Den Gast aus dem Westen wies ich darauf hin, dass selbst ganz offensichtliche Informationen über eine Fabrik meist der Geheimhaltung unterlagen und erst von der nächsthöheren Instanz freigegeben werden mussten. Auf eigene Verantwortung gab hier niemand etwas preis. Geduld war also gefragt, die sozialistischen Mühlen mahlten sehr langsam. Die chinesischen Gastgeber dagegen bat ich, beim obligatorischen abendlichen Bankett nicht nach dem Einkommen des Besuchers zu fragen, Anspielungen auf seine Körperfülle sowie andere physische Besonderheiten (große Nase, rote Haare) zu unterlassen und ihn bitte nicht unter den Tisch zu saufen. Weit weg von Peking bot die chinesische Provinz damals noch sehr einfache Unterkünfte, Plumpsklos und vor allem archaische Arbeitsbedingungen. Der Umgang mit Ausländern war ebenfalls noch nicht alltäglich.

Insgesamt sollte ich am Ende fast fünf Jahre im Reich der

Mitte verbringen. Doch meine Sehnsucht, irgendwo dazuzugehören, konnte das Land vom ersten Moment an nicht stillen.

Stattdessen sollte mich das Riesenreich lehren, wie Absurdität funktioniert. Der Grund dafür lag auf der Hand – und ich war naiv genug gewesen, geglaubt zu haben, dass es anders hätte sein können: Ich war im Roten Reich der Mitte genauso ein Sonderling wie in der Bundesrepublik. Jeder Chinese ließ mich das spüren, wenn er fragte:

»Wo kommst du denn her?«

»Aus Westdeutschland.«

»Wie bitte, ich versteh dich nicht.«

»Ich komme aus Westdeutschland.«

»Wie bitte? Bist du Auslandschinesin?«

»Ja.«

»Aber warum sprichst du dann so miserabel Chinesisch?«

»Weil ich in Deutschland aufgewachsen bin.«

»Aber wieso, sprechen deine Eltern zu Hause kein Chinesisch? Was sind das denn für Chinesen, die kein Chinesisch sprechen?«

Ich konnte es kaum glauben: In Peking passierte mir genau das Gleiche wie in München. Es war wieder das altbekannte unangenehme Frage-Antwort-Spiel, wie ich es ungezählte Male in Deutschland durchgemacht hatte – nur diesmal mit umgekehrten Vorzeichen. Auch als ich China einige Jahre später wieder verließ, wurde ich immer noch angesprochen, weil ich Chinesisch mit so einem komischen Akzent sprach. In allen Fällen aber fühlte ich mich sofort aussortiert. Nur dass das Nicht-Dazugehören in China nicht ganz so wehtat wie zu Hause in Deutschland. Denn wie jeder Ausländer wusste ich, dass ich in China immer nur ein Gast war.

Zugleich aber habe ich in China auch erlebt, wie wunderbar es ist, in den Massen zu verschwinden. Ich habe das genossen. Angezogen wie eine einheimische Chinesin in einem schlecht sitzenden Mao-Anzug aus billiger, blauer Baumwolle bin ich stundenlang durch Peking geradelt, immer im Rhythmus mit Tausenden von anderen Chinesen. Und keiner hat gemerkt, dass ich nicht echt war! Niemand hat sich nach mir umgedreht, niemand hat versucht, mir in die Haare zu fassen.

Erstmals ahnte ich, wie sich Normalität anfühlt. Einfach nicht auffallen, einfach nicht beachtet werden, nicht mit den vorgefertigten Klischees des Gegenübers konfrontiert werden. Immer nur mit dem Strom mitschwimmen. Herrlich! Aber natürlich klappte das Bad in der Menge in China nur, solange ich meinen Mund nicht aufmachte.

Doch auch ohne nur ein Wort Chinesisch zu sprechen, erkannte jeder Einheimische sofort, dass ich eine Außenseiterin war. Als Deutsche trat ich anders auf, benutzte andere Gesten, wenn ich etwas erzählte. Deutsche gehören zu den Nationalitäten, die bekannt sind für ihre kurz angebundene Offenheit. Wir blicken anderen direkt in die Augen und legen einen laschen Händedruck in der Regel als Schwäche aus.

All das tun Chinesen nicht. Genauso wenig, wie sie direkt etwas ablehnen und »Nein« sagen. Stattdessen suchen sie nach Lösungen, die beide Seiten als Gewinner dastehen lassen. Das »Gesicht wahren« nennt sich das. Man kann in jedem Reise-Knigge nachlesen, wo in China die Fettnäpfchen stehen. Ich habe damals – zu Beginn meines Aufenthalts – in meiner jugendlichen Überheblichkeit keines ausgelassen. Ich war so deutsch, ich war so furchtbar selbstgerecht.

Je besser mein Chinesisch wurde, desto besser konnte ich in der Menge verschwinden. Ich machte mir einen Spaß daraus, mit den Stereotypen zu spielen. So war ich die einheimische Chinesin, wenn ich zum Beispiel am Ticketschalter des Bahnhofs für Inländer anstand. Als Ausländer mussten wir am Schalter für Ausländer unsere Bahnkarten kaufen. Sie kosteten um ein Vielfaches mehr. Aber um den Preis ging es mir nicht, es war die Herausforderung: Würde die Person am Verkaufsschalter mich als Nicht-Chinesin erkennen? Oder würde es mir gelingen, sie mit Gestik, Blick und Sprache an der Nase herumzuführen?

Besonders gern habe ich das Amt für Öffentliche Sicherheit getäuscht. Seine Zivilbeamten lungerten vorzugsweise vor den Hotels, in denen internationale Gäste logierten. Wir als Auslandsstudenten trafen uns oft im Peking Hotel mitten in der Stadt. Es war eine willkommene Enklave für Ausländer, die Chinesen aber nur mit besonderer Erlaubnis betreten durften. Wann immer ich kam, konnte ich deswegen darauf zählen, dass mich jemand am Eingang unfreundlich anknurrte, weil er dachte, ich sei in meinem billigen Baumwollanzug eine Frau des Volkes:

»Wohin willst du?«

»Ins Hotel«, antwortete ich dann.

»Hast du eine Erlaubnis?«

»Nein.«

»Dann kannst du nicht rein, das Hotel ist nur für Ausländer.«

Jetzt war der Moment gekommen, meinen Studentenausweis zu zücken und ihn dem Sicherheitsbeamten zu zeigen. Zähneknirschend musste er mich dann in das Hotel lassen, weil ich ja Deutsche war, und ich triumphierte innerlich.

Aber was machte mich deutsch? Nur ein kleiner, in einem roten Plastikumschlag steckender Studentenausweis, der meine Nationalität damals noch als »xi de« (westdeutsch) angab. Als Deutsche stand mir jedoch nicht nur das Peking Hotel, sondern praktisch die ganze Welt offen.

Nicht nur das. Ich konnte die degradierende Fragerei am Hoteleingang auch vermeiden, indem ich als Ausländerin auftrat, selbstsicher die Lobby betrat und den Männern direkt in die Augen blickte. Ich trug in so einem Fall westliche Kleidung – Jeans, Top und Schuhe, an denen jeder einheimische Chinese sofort erkennen konnte, dass sie nicht der lokalen Produktion entsprangen. So blieb ich unbehelligt.

Kleider machten also wirklich Leute. Vor allem in einem Land, wie es damals das Reich der Mitte war, in dem es offiziell keine gesellschaftlichen Klassenunterschiede mehr gab und alle gleich waren. Die Bevölkerung hatte Ende der 1970er-Jahre tatsächlich nur die Wahl zwischen Mao-Anzügen aus Baumwolle in Blau und Olivgrün. Grau und Beige trugen nur privilegierte Kader und bestimmte Berufsgruppen.

Ich wusste in diesen Momenten, in denen ich mit meinen Identitäten experimentierte, immer, dass ich genauso gut in China hätte geboren sein können oder in irgendeinem anderen Land und ebenfalls in jeder anderen Familie. Was mich auch heute immer noch irritiert, auch an Menschen in meiner unmittelbaren Umgebung, ist, mit welcher Selbstverständlichkeit die meisten darauf bauen, als Deutsche oder was auch immer geboren zu sein. Ihnen kommt gar nicht der Gedanke, dass es auch anders sein könnte. Und diese Selbstgewissheit führt dann bei manchen zu dem Glauben, dass die eigene Identität zugleich die beste sei. Wie aber kann man auf Deutsch-Sein oder was auch immer stolz sein, wenn es nicht das eigene Verdienst ist? Niemand hat es schließlich in der Hand, wo und als was er geboren wird.

Was mich am Ende jedoch mit China versöhnte, war sein fast paternalistischer Chauvinismus, in dessen Genuss ich oftmals kam. Es handelte sich dabei um Diskriminierung, diesmal zu meinen Gunsten – unverdient und ausschließlich wegen meines chinesischen Aussehens. Das Land ließ mich zwar spüren, dass ich eindeutig nicht dazugehörte. Andererseits erntete ich bei einheimischen Chinesen immer sofort einen großen Mitleidsbonus, sobald ich erklärte, dass ich aus Deutschland sei und deutsche Eltern habe. Ein Durchschnittschinese konnte sich kaum vorstellen, dass es mir ohne chinesische Sitten und Werte, vor allem aber ohne chinesisches Essen weit weg von der Wiege der Zivilisation gut ergangen sein konnte. Zu Beginn der 1980er-Jahre hatte zwar die Öffnung Chinas gerade begonnen, aber der Großteil der Bevölkerung lebte weiter abgeschottet vom Rest der Welt. Die Volksrepublik war noch nicht Mittelpunkt der Globalisierung. Ein kleines Chinesenkind ganz allein in der Diaspora, das bei teutonischen Eltern aufwächst, war damals für einen Chinesen unvorstellbar.

Frau Bai war geradezu entsetzt, als sie von meinem Schicksal erfuhr. Sie war eine Bekannte meines Mannes, der mit ihrem Ehemann zusammenarbeitete. Regelmäßig wurden wir eingeladen. Ich staunte, wie man in einer kaum ein Quadratmeter großen Küche auf zwei Gasflammen so viele Gerichte auf einmal zubereiten konnte, noch dazu, wo doch alles rationiert war.

Ich mochte Frau Bai von Anfang an, denn sie war auf sehr mütterliche Weise immer um mein Wohlergehen besorgt. Und weil ich jünger war, zupfte sie gern an mir wie an einer eigenen Tochter herum. Entweder am Schal, der ihr zu lässig geschlungen war, oder am Kragen, der nicht richtig saß. »Waaas?«, schrie sie beinahe, als sie von meiner Adoption erfuhr. »Was, du bist adoptiert worden? Und deine Adoptiveltern sind keine Chinesen? Ja, wie geht denn das?«

»Na ja, ganz einfach. Ich bin in Deutschland geboren worden, und meine chinesischen Eltern haben mich zurückgelassen«, antwortete ich.

»Ja, und in Deutschland haben sie nicht genug Chinesen, um ein chinesisches Kind aufzuziehen?« Frau Bai konnte es nicht fassen, dass mein deutscher Vormund nicht versucht hatte, eine chinesische Familie für mich zu finden. Sie schüttelte den Kopf, blickte in Richtung ihres Mannes und sagte: »Hast du das gehört, das arme Kind musste bei Deutschen groß werden.«

»Aber das war nun wirklich keine Folter«, verteidigte ich meine deutschen Eltern. »Im Gegenteil. Sieh mich an, sie haben doch einen guten Job gemacht.«

Frau Bai konnte sich nicht beruhigen. Für mich gab es nun eine extragroße Portion rationiertes Schweinefleisch, damit das arme Kind auch ja satt und die schlimme deutsche Kindheit vergessen wurde. Dann blickte sie mir tief besorgt in die Augen, packte mich an der Schulter und fragte:

»Tinga, haben deine deutschen Eltern dich auch wirklich gut behandelt?«

Kapitel VII

In China habe ich noch etwas gefunden, von dem ich in Deutschland nur ahnte, dass es mir fehlte. Aber ich konnte es lange nicht in Worte fassen: passende Vorbilder. Als Kind sieht man sich zuerst alles von seinen Eltern ab. Werte, Sitten und die in jeder Familie vorhandenen Rituale. Du darfst nicht lügen, sei tolerant und gastfreundlich, stütze deine Ellbogen beim Essen bitte nicht auf den Tisch, setz dich gerade hin, und sprich nicht mit vollem Mund. Außerdem war es in unserer Familie verpönt, Comics zu lesen (das musste ich bei Freunden tun) und Cola zu trinken (die bekam ich nur, wenn ich krank war).

Vor allem sonntags gab es feste Rituale. Es begann damit, dass Papi zu Hause war und frühmorgens Musik hörte. Sein Musikgeschmack durchlief intensive Phasen, das heißt, er legte wochenlang ausschließlich Schallplatten von Beethoven, Chopin oder Brahms auf, und das in hohen Dezibelzahlen. Wenn ich Beethovens »Pastorale« höre, sehe ich noch heute den gedeckten Frühstückstisch, meinen sich im Takt wiegenden Vater und die gekochten weichen Frühstückseier vor mir. Je eins für mich, meine Schwester und meinen Vater. Nur meine Mutter aß keines. Die Eier gab es natürlich auch nur, weil Sonntag war. Und wie viele andere Familien auch, haben wir dann abends gemeinsam auf dem Sofa gesessen und »Tatort« gesehen.

Meine Mutter hatte sehr präzise Vorstellungen davon, wie unsere Familie und unser Heim auszusehen hatten. Optisch.

Es hatte sicherlich mit ihrem Beruf als Innenarchitektin zu tun. Ein Blick von ihr genügte, um ein ästhetisches Todesurteil zu fällen. Ein Teppich, der schräg im Zimmer lag, war nicht diskussionswürdig, sondern einfach nur spießig. Genauso wie Glasuntersetzer auf dem Tisch, romantische Fensterstores und nachgemachte Stilmöbel irgendeiner Epoche.

Bei meinem Vater und uns Kindern legte sie Wert auf gute Schuhe. Sandalen durfte mein Papa nicht tragen (aber Schlappen im Garten waren erlaubt, solange keine Gäste da waren). Ihr vernichtender Blick auf meine pinkfarbenen Wildleder-Stiefeletten war sogar einmal der Anlass dafür, dass ich (da war ich schon lange volljährig!) meine eigene Geburtstagsfeier wutschnaubend verlassen habe. Es sollte viele Jahre dauern, bis ich mir wieder – diesmal in Lila – Wildlederschuhe kaufte.

Schick, aber bloß nicht zu modisch, von solider Qualität und vor allem »wohlproportioniert« sollten meine Schwester und ich angezogen sein. »Wohlproportioniert« bedeutete, dass unsere Kleidung unseren Figuren und nicht der aktuellen Mode entsprechen sollte. Gefiel meiner Mutter etwas nicht, nahm sie kein Blatt vor den Mund. Sie merkte gar nicht, wie verletzend sie dabei zuweilen war. In meinem Fall ließ sie mich deutlich wissen, dass Miniröcke für eine eher kurzbeinige Person wie mich nicht von Vorteil sind. Genauso wenig wie Schlaghosen. »Kind, wieso verschandelst du dich denn so furchtbar?«, hieß es dann.

Als Kleinkind steckte mich meine Mutter bevorzugt in Dirndl. Das war praktisch und sah niedlich aus. Das erste Dirndl hatte sie mir genäht, als ich vier Jahre alt war. Das Kleid bestand aus hellblau karierter Baumwolle, die Schürze war rosa mit weißen Blümchen. Es war auf »Zuwachs« genäht, das heißt Taille und Saum waren so bemessen, dass man entsprechend meines Wachstums jederzeit Stoff »rauslassen« konnte. Auch später trug ich unbekümmert Dirndl. Ich kam mir lange nicht verkleidet vor. Erst in meiner Pubertät habe ich aufgehört, sie zu tragen. Ich spürte, dass die Tracht meinen Exotenwert steigerte und ich damit die Blicke auf mich zog, und das wollte ich auf jeden Fall vermeiden.

Je älter ich wurde, desto mehr orientierte ich mich in Sachen Geschmack, Mode, Make-up und Lifestyle an den deutschen Trends und Stereotypen. Wie viele Frauen meiner Generation hatte ich während des Studiums eine intensive Lila-Latzhosen-Phase und strickte Pullover aus dicker Wolle, vorzugsweise ebenfalls in der Farbe Lila. Einmal trug ich ein paar Monate lang eine Dauerwelle wie meine Freundinnen, aber das sah schrecklich aus. Mein Haar war nicht für deutsche Dauerwellen gemacht. Schief gingen ebenfalls meine Experimente, mich nach den Anleitungen der Frauenzeitschrift *Brigitte* zu schminken. Das konnte nicht klappen, denn damals waren Models aus Skandinavien populär. Die hatten natürlich keine Schlupflider, in denen sich der Lidschatten nach wenigen Minuten sammelte und verlief, dafür aber sehr lange, schwarz getuschte Wimpern. Models mit anderen Hautfarben waren in deutschen Modemagazinen damals kein Thema. Und so gab es zumindest in meiner Umgebung niemanden und nichts mit passenden Schminktipps für mich. Natürlich sind Mode und Kosmetik nicht wirklich wichtig. Aber es hätte mir sicherlich geholfen, wenn es in meiner Nähe noch jemanden wie mich gegeben hätte – mit den gleichen nichtigen Problemen.

In Peking traf ich auf Menschen aus aller Welt. Es war eine im wahrsten Sinne des Wortes bunte Gesellschaft – meist Studenten mit Biografien, von denen ich in meiner westlichen Wohlstandswelt noch nie gehört hatte: Philippiner, die wegen ihrer kommunistischen Gesinnung vor Diktator Ferdinand Marcos geflohen waren, Palästinenser und Angolaner, denen die chinesische Regierung für den Freiheitskampf ein Stipendium spendiert hatte, sowie ein amerikanischer Kriegsdienstverweigerer (Vietnam), dem Schweden Asyl gewährt hatte und der nun mit schwedischem Pass in China studierte. Angesichts der Vielfalt der Nationen und Schicksale fiel ich mit meiner Herkunft und weitaus weniger dramatischen Geschichte gar nicht mehr auf. Das war ein unglaublich befreiendes Gefühl. Ich konnte mein Glück kaum fassen: Niemand stellte mich hier infrage, niemanden interessierte es hier wirklich, woher ich kam und wie meine Vergangenheit ausgesehen hatte. Was zählte, war nur die Gegenwart.

Mit der beginnenden Öffnung Chinas strömten neben vielen japanischen auch immer mehr amerikanische Studenten an die renommierten Universitäten Chinas. Besonders viele dieser Amerikaner waren chinesischen Ursprungs. Im Gegensatz zu mir hatten sie den Vorteil, dass sie bereits Chinesisch sprachen und vor allem oft noch Verwandte in China hatten. Sie konnten also schnell sehr viel tiefer in die Gesellschaft eindringen als eine Ausländerin wie ich. Für angehende Sinologen war das ein großer Vorteil. Aber das war es nicht, was mich faszinierte. Es war vor allem die Fähigkeit dieser Auslandschinesen, mit zwei Kulturen in sich zu leben, sich aber zugleich als unumstößlich amerikanisch zu empfinden.

»Hi, how are you?«, begrüßte mich Amy freundlich an meinem ersten Tag in der amerikanischen Firma. Dann führte sie mich durch das Büro, um mich mit den Gegebenheiten bekannt zu machen. Ich folgte ihr und bewunderte ihre Haare. Ich hatte noch nie jemanden mit so langen, dicken schwarzen

Haaren gesehen. Sie reichten ihr fast bis zur Hüfte. Dass Amy aus Amerika kam, hatte ich sofort an ihrem Akzent gehört. Aber auch ohne ein Wort mit ihr zu sprechen, hätte ich sofort gewusst, dass sie keine Einheimische war. Kleidung, Gesten und vor allem die Art, dem direkten Blick des Gegenübers nicht sofort auszuweichen, verrieten mir, dass sie im Westen aufgewachsen sein musste. Wie ich hatte Amy an der Peking-Universität studiert. Wie bei mir war dies ihr erster Vollzeitjob. Wir wurden unzertrennliche Freundinnen.

Amy kam aus Chicago, und ihre Eltern waren Chinesen. Ihr Vater, der an der renommierten Shanghaier Tongji-Universität Ingenieurwissenschaft studiert hatte, war nach dem Zweiten Weltkrieg in die Vereinigten Staaten ausgewandert. Mit viel Fleiß und Zielstrebigkeit lebte die Familie den amerikanischen Traum der Mittelschicht. Das heißt, sie wohnte in einem guten (also weißen beziehungsweise jüdischen) Vorstadtviertel Chicagos, und alle drei Kinder machten einen Universitätsabschluss. Jedes Jahr schickten die Eltern die Sprösslinge in den Ferien entweder ins Summer Camp oder packten sie ins Auto, um mit ihnen die bekanntesten Nationalparks Amerikas abzuklappern. Später ging es auf die Grand Tour, die obligatorische Bildungsreise nach Europa, um dem pubertierenden Nachwuchs die wichtigsten Errungenschaften der westlichen Zivilisation zu zeigen. Das war die amerikanische Seite von Amys Erziehung.

»Weißt du, die chinesische Seite in meiner Familie bedeutete, immer ein bisschen ehrgeiziger und disziplinierter als der Durchschnitt zu sein«, erzählte mir Amy bei einem Besuch, als ich längst wieder in München lebte und als Reisejournalistin arbeitete. »Meine Mutter war bestimmt keine Tigermutter, die ihre Kinder zu Höchstleistungen triezte. Aber sie bestand darauf, dass ich nicht nur Geige, sondern auch Klavier lernte. Und außerdem mussten wir Kinder am Wochenende in der Sonntagsschule Chinesisch pauken.«

Schwierigkeiten mit ihrer Identität hatte meine Freundin jedoch nie. Weder in China noch in Amerika.

»Sag mal, wie fühlst du dich – amerikanisch oder chinesisch?«, fragte ich.

»Ich fühle mich zu 100 Prozent amerikanisch.«

»Aber deine Eltern sind doch Chinesen!«

»Kein Problem, das macht mich eben zu einer chinesischen Amerikanerin.«

»Aber ich kann mir nicht vorstellen, dass du wie eine weiße Amerikanerin behandelt wirst.«

»Werde ich auch nicht«, antwortete Amy. »Aber ich bin in der 60er-Jahren aufgewachsen. Damals richteten sich die rassistischen Vorurteile und Spannungen vor allem gegen die schwarze Bevölkerung, weniger gegen Asiaten.« Das war die Ära der Rassenunruhen und der aufkeimenden Bürgerrechtsbewegung unter Persönlichkeiten wie Martin Luther King.

»Aber wie ist es jetzt? Überleg mal, Amy, wirst du diskriminiert?«

Amy dachte länger nach. »Hin und wieder passiert es, dass mich jemand nach meiner Herkunft fragt. So etwas würde in den Vereinigten Staaten niemand einen Weißen oder einen Schwarzen fragen. Man geht einfach davon aus, dass beide Amerikaner sind.«

Und dann musste meine Freundin kichern und erklärte: »Weißt du, die letzte Person, die mich fragte, woher ich komme, war ausgerechnet eine Deutsche. Die konnte gar nicht glauben, dass ich Amerikanerin bin, und lobte mich ständig: ›Amy, your English is so good!‹«

Amy lebte mir also vor, dass chinesisch auszusehen und einen westlichen Lebensstil zu pflegen kein Widerspruch war. Das milderte meine Schmach des Nicht-Dazugehörens in Deutschland. Jedes Mal, wenn Amy mich in München besuchte, erlebte sie in ähnlicher Weise, was ich von klein auf kannte: die Blicke im Rücken, das Als-Fremde-zur-Kenntnisgenommen-Werden, das Erstaunen des Gegenübers, wenn die deutsche Freundin in perfektem Deutsch den Kaffee bestellte – und das alles nur, weil Deutsche immer noch denken, dass Deutsche deutsch aussehen müssen. »Tinga, ich glaube, ich würde ein Leben in Deutschland nicht aushalten«, lautete ihr Fazit.

Das tröstete mich. Allein zu wissen, dass es endlich jemanden gab, der zumindest in Ansätzen nachempfinden konnte, was ich fühlte, half mir, den Schmerz des Anders-Aussehens zu lindern.

Doch ebenso wusste ich: Gleichzeitig Deutsche und Chinesin zu sein, würde bei mir nie klappen. Meine Eltern waren schließlich Deutsche. Wie hätten sie mich anders erziehen können als deutsch?

Vor allem in meinen Jahren im Ausland habe ich entdeckt, wie deutsch ich bin. In jeder Hinsicht. Das beginnt schon mit dem Frühstück – es muss Brot sein, am besten eine knusprige Vollkornsemmel mit Marmelade und dazu Kaffee, vorzugsweise mit aufgeschäumter Milch. Und zur Krönung das gekochte weiche Ei, aber natürlich nur am Sonntagmorgen. In der Ferne vermisst habe ich auch die Sitte, nachmittags zu Kaffee und selbst gebackenem Kuchen einzuladen. Es geht weiter mit meiner Manie, alles zu recyceln, und dem Ehrgeiz, so wenig Müll wie möglich zu erzeugen. Mülltrennung als Alltagsmantra und ein schlechtes Gewissen, wenn man jenseits der deutschen Grenzen auf Jutesäcke pfeift und gedankenlos zur Plastiktüte greift. Ich habe mich auch nie daran gewöhnt, zwischen lediglich in Leintücher eingeschlagenen Decken zu schlafen. Das gibt nur ein Lakenchaos. Am liebsten sind mir Daunendecken, die sicher in Bettbezügen stecken. Da kann nichts verrutschen.

Die deutschen Gewohnheiten, das ist meine eine Seite, die andere ist meine deutsche Mentalität. Die Leichtigkeit des Seins fehlt mir komplett. Stattdessen denke ich lieber darüber nach, was alles passieren könnte, und stelle dabei sofort die Frage: »Bin ich für diesen Fall ausreichend versichert?« Als typisch deutsch empfinde ich bei mir auch meine Skepsis und Besserwisserei. Nur schön und gut können eine Sachlage oder ein Objekt gar nicht sein. Es muss immer einen Haken dabei geben, und den bin ich entschlossen zu finden – und einmal erkannt, lässt er sich vielleicht im Vorfeld durch geschickte Planung umschiffen.

Die typisch deutschen Sekundärtugenden wie Pünktlichkeit, Zuverlässigkeit und Sauberkeit sind ebenfalls Teil meiner Persönlichkeit. Die den Bewohnern der Mittelmeerländer zugeschriebene Nonchalance und Spontaneität bewundere ich, aber sie ist mir fremd. Ich finde es unhöflich, zu spät zu Terminen zu kommen. Ich selbst warte schließlich auch ungern. Es gibt für mich zudem keinen Grund, mich nicht an Zusagen zu halten. Abgemacht ist abgemacht. Und was ist gegen eine saubere, gut gelüftete Wohnung, ein frisch gebügeltes Hemd und geputzte Schuhe einzuwenden?

Spezifisch deutsch ist aber auch das, was meine Eltern mir vorgelebt haben. Generationsbedingt gehört das »Nie mehr wieder« als Erbe der Nazizeit dazu – die Ablehnung von bewaffneten Kriegseinsätzen und die ewige Angst vor einem wieder aufkeimenden Antisemitismus. Von meinen deutschen Eltern habe ich außerdem die Unfähigkeit übernommen, eine deutsche Fahne zu schwingen. Ich könnte es einfach nicht. Genauso, wie ich Angst vor Pathos habe und mich auch vor jeder Art von Patriotismus fürchte.

Kapitel VIII

Wer eine Person sucht, der benötigt dazu den Namen und die Adresse. In meinem Fall fehlte beides. Ich wusste nur, dass ich am 5. Juni 1958 als Josefine Ting geboren wurde. Seit meiner Adoption heiße ich Josefine Horny. So steht es in meinem Pass. Aber mich hat noch nie jemand Josefine gerufen. Mein Adoptivvater fügte meinem ursprünglichen Familiennamen ein »a« hinzu und nannte mich »Tinga«. Ich habe von da an immer nur auf diesen Namen gehört.

Die Tatsache, dass meine Mutter in ihrer Erklärung, woher ich stammte, meine leiblichen Eltern auf dem Weg nach Hongkong in einem Flugzeug hatte abstürzen lassen, legte die frühere britische Kronkolonie als möglichen Herkunftsort nahe. Was ich also zu Beginn meiner Suche brauche, sind die korrekten Namen meiner Eltern und idealerweise eine Adresse.

Das Jugendamt in München gibt mir zwei hilfreiche Tipps: Es macht mich erstens darauf aufmerksam, dass ich als Adoptivkind ein »berechtigtes Anliegen« habe, auch auf datengeschützte Dokumente zuzugreifen, die meine leiblichen Eltern betreffen, auch wenn die Adoption anonym war. Notfalls ersucht das Jugendamt um Amtshilfe, um mich bei störrischen Behörden zu unterstützen. Und zum Zweiten sind Standesämter und das Amtsgericht sinnvolle erste Anlaufpunkte, denn dort sind Geburtsurkunden, Abstammungsurkunden und Familienbücher archiviert. Alles potenzielle Quellen, um mehr

Informationen über meine verschwundenen Eltern zu bekommen.

Noch bevor ich die Reise durch die Welt der Ämter beginne, erhalte ich von der Erzdiözese München-Freising die Erlaubnis, meine Akten in der Adlzreiterstraße 22, München, einzusehen. Genau ein Monat ist vergangen, seit ich mit der Katholischen Jugendfürsorge zum ersten Mal telefoniert habe. In Zimmer Nr. 205 sperrt Frau A. einen Schrank auf und zieht einen verblichenen Aktenordner heraus, etwas größer als ein DIN-A4-Format. Es ist halb elf Uhr morgens, und für die nächsten Stunden versinke ich in die Geschichte meines holprigen Starts ins Leben.

Aus der Geburtsurkunde sowie weiteren Unterlagen geht Folgendes hervor:

Mein Vater, Ting Kai-shou Jeremy, wurde am 15. Juli 1932 geboren, meine Mutter, Ting Mei-fen, geb. Lin oder Liu, am 28. Mai 1935, beide in Shanghai. Meine Mutter war katholisch, mein Vater konfessionslos. Als neuer Wohnort wird Hongkong, mit unbekannter Adresse, angegeben.

In einem Schreiben vom Januar 1959 an das Stadtjugendamt München, Abteilung Minderjährigenfürsorge, berichtet das Waisenhaus über meine Situation und bittet um die Übernahme meiner Unterbringungskosten:

Obengenanntes Kind befindet sich seit 15.6.1958 in unserem Säuglingsheim. Die Eltern bezahlten DM 102 an. Nach einigen Monaten erklärte uns der Vater, dass er geldliche Schwierigkeiten hat und für das Kind nicht mehr weiterbezahlen kann, er schenkte uns das Kind, und wir sollen darüber verfügen. Bis jetzt hatten wir dem Kind einen Freiplatz gewährt, ersuchen aber jetzt doch das Stadtjugendamt, ab 1. Februar 1959 die Kosten zu übernehmen. Wir legen Ihnen ein Bildchen bei, an dem Sie ersehen, dass die kleine Hiazyntha eine Kostenübernahme wert ist.

Zehn Monate später, am 21. Oktober 1959, schreibt das Münchner Stadtjugendamt an das Vormundschaftsgericht. Inzwischen wird nach einem Vormund für mich gesucht. Was folgt, ist ein weiterer Bericht meiner Lage:

Das Kind Hiazyntha Thing befindet sich im Säuglingsheim München-Pasing, Paosostraße. Von dort wurde uns mitgeteilt, dass die ehelichen Eltern des Kindes, beides Chinesen, in München studiert haben und kurz nach der Geburt des Kindes nach China zurückgekehrt sind und das Kind in München zurückgelassen haben. Sie erklärten, dass ihnen der Transport für die kleine Tochter zu teuer sei im Hinblick darauf, dass Mädchen in China sehr wenig geschätzt werden.

»Er schenkte uns das Kind …« Ich glaube, nicht viele Adoptivkinder in Deutschland besitzen ein amtliches Dokument, in dem mit der größten Selbstverständlichkeit geschrieben steht, dass die Eltern großzügigerweise ihr Baby dem Waisenhaus als Geschenk überlassen haben. Im ersten Moment, als ich die Worte lese, begreife ich ihre Bedeutung gar nicht. Ich beziehe diese Schenkung zunächst auch nicht auf mich. Es dauert eine Weile, bis der Sinn dieser Sätze mich durchdringt. Eine gewisse Fassungslosigkeit ergreift mich daraufhin, aber ich habe immer noch nicht das Gefühl, dass es sich um meine Person handelt. Vielmehr kommt es mir vor, als befände ich mich im falschen Film; in einer Schmonzette, die weit vor meiner Zeit im feudalen China spielt. In einer Ära, als Kinder aus purer Not verschenkt oder verkauft wurden, weil die armen Bauerneltern sie nicht ernähren konnten. Vorzugsweise Mädchen wurden weggegeben, da sie eben nichts wert waren. Die Abnehmer waren meist habgierige Gutsbesitzer, denen diese Kinder dann in jeder Hinsicht ausgeliefert waren. Das war so ganz und gar nicht meine Welt. Mit den Berichten aus dem Waisenhaus habe ich es jedoch schwarz auf weiß: Meine Eltern haben mich einfach verschenkt, weil ich nur ein überflüssiges Mädchen war.

Aber es wird noch spannender. Aus demselben Bericht an das Vormundschaftsgericht geht hervor, dass ich beinahe eine Amerikanerin geworden wäre:

> *Nachdem sich die Eltern seit circa 15 Monaten nicht mehr gemeldet haben, ist beabsichtigt, das Kind in einer Adoptionsstelle unterzubringen, und zwar ist ein amerikanisches Ehepaar, das im Staate Georgia, USA, lebt, an der Aufnahme und späteren Adoption des Kindes interessiert. Rassenmäßig würde das Kind gut zu dieser Familie passen, da die betreffenden Eheleute Philippinos sind.*

Ich, das Stück Kind, das »rassenmäßig« so gut zu diesen Adoptiveltern aus Amerika passen würde, weil ein Asiat ja ein Asiat ist und alle schwarze Haare haben. Mir stockt auch heute noch beim Lesen dieses Berichts der Atem. Das Schicksal ist tatsächlich oft nur einen Zufall entfernt. Meine Beinahe-Adoptiveltern trugen den Nachnamen De Leon und waren Angehörige der US-Armee. Nur die Schwerfälligkeit des Waisenhauses und die Vorschriften der US-Einwanderungsbehörden verhinderten, dass ich heute nicht Josefine De Leon heiße und »im Staate Georgia« aufgewachsen bin. Das Säuglingsheim brauchte nämlich viel zu lange für die Passbilder und das ärztliche Gutachten, die für meine Reise nach Amerika nötig gewesen wären. Fast flehte die für meine Auslandsadoption zuständige Fürsorgerin von der National Catholic Welfare Conference im April 1960 die »Sehr geehrte Schwester Oberin!« schriftlich an, sich zu beeilen:

Es wäre ja nur im Wohle des Kindes, wenn es recht bald zu seinen Adoptiveltern käme … Sie beginnt ja schon zu reden, da wäre es doch gut, wenn sie sich nicht erst so sehr an die deutsche Sprache gewöhnen würde, sondern bald Englisch lernen könnte. Ich kann sehr gut verstehen, dass Sie das Mädchen recht lange behalten möchten, doch da es nun mal zur Adoption gemeldet wurde, warten die Adoptiveltern sehnsüchtig auf die Ankunft des Kindes.

Aber meine potenziellen Eltern warteten vergeblich auf mich. Schließlich wurden sie aus der Bundesrepublik Deutschland abgezogen – und ich blieb im Säuglingsheim.

In den 1960er Jahren war das Amtsdeutsch noch frei von politisch korrekten Worthülsen. Ungeniert wird schriftlich um die »Erlaubnis zum Halten eines Pflegekindes« nachgefragt. Und wenige Tage vor meinem ersten Geburtstag übersieht ein Beamter meinen Lockenkopf und folgt bei der Beschreibung von mir lieber seiner Vorstellung davon, wie Chinesen auszusehen haben:

Nachdem Maria gefüttert war, durften wir sie sehen. Sie ist ein richtiges Chinesenkind, mit schwarzem glatten Haar, schwarzen Augen und einer gelblichen Hautfarbe, sie hat auffallend lange Finger.

Josefine Ting, Hiazyntha Thing, Maria: Das »richtige Chinesenkind« wurde zu Anfang seines Lebens gleich unter mehreren Namen in unterschiedlichen Schreibweisen geführt. Auf der Geburtsurkunde stand lediglich Josefine Ting, aber im katholischen Waisenhaus gaben mir die Schwestern noch die Taufnamen Maria und Hiazyntha. Und offenbar wurde ich – je nach Betreuerin – mal Hiazyntha, mal Maria genannt, anders lassen sich die unterschiedlichen Namen in den Berichten, die verschiedene Sozialarbeiter schrieben, nicht erklären.

Noch verwirrender ist die Suche nach den korrekten Namen meiner leiblichen Eltern. Denn Ting Kai-shou Jeremy und Ting Mei-fen, Mädchenname Lin oder Liu, sind nur die phonetischen Umschriften der chinesischen Namen. Ob nun Ting mit oder ohne »h« geschrieben wird, ist nur eine Frage, welches System der Romanisierung benutzt wurde. Seit der offiziellen Einführung der Pinyin-Umschrift in China in den 1980er-Jahren wird Ting auch als Ding transkribiert. Aber wie auch immer man die Namen meiner leiblichen Eltern nun transkribieren mochte, was ich zum Zeitpunkt der Suche dringend brauche, sind die chinesischen Zeichen. Nur so lässt sich in den chinesischen Archiven weitersuchen. Die chinesische Schreibweise aber werde ich in keinem deutschen Dokument finden.

Leise raschelt Frau A. mit Papieren auf ihrem Schreibtisch. Sucht sie etwas, oder soll das ein diskretes Zeichen sein, dass es für mich Zeit ist zu gehen? Die Mittagspause steht an. Ich bitte sie, mir noch ein paar Kopien zu machen. Dann bedanke ich mich und verlasse den Katholischen Jugendfürsorge-Verein.

Nachdem ich das Gebäude verlassen habe, muss ich erst einmal nach Luft schnappen. Die Dokumente, von denen ich jetzt einige als Kopie in einer Klarsichtfolie bei mir trage, enthüllen Details meiner frühesten Kindheit, von denen ich nicht einmal ansatzweise etwas ahnte. Ich setze mich erst einmal in mein Auto, kurble das Fenster herunter, lehne mich zurück und schließe die Augen. Ich bin erschlagen von den ausführlichen Amtsberichten. Ich bin ein ganzer Vorgang mit Eingangs- und Ausgangsstempeln. Zahlreiche Schriftsätze wurden meinetwegen ausgetauscht, nicht wenige Sozialarbeiter begutachteten mich, und das Stadtjugendamt wurde von der katholischen Kirche angebettelt, dass man die monatlich 102 DM Unterbringungskosten des Säuglingsheims doch bitte übernehmen möge. Und dann hätten sie mich beinahe noch nach Amerika abgegeben!

Allerdings verraten die Dokumente, die ich beim Katholischen Jugendfürsorge-Verein einsehen darf, nicht viel Konkretes, was mich bei der Suche nach meinen biologischen Eltern weiterbringen könnte. Die Namen meiner verschwundenen Eltern sagen wenig über sie aus, und nirgends ist eine Adresse angegeben. Deshalb setze ich all meine Hoffnungen auf die Abstammungsurkunde und das Familienbuch. Jedes Detail könnte helfen – Staatsangehörigkeit, Studienfach, Adresse in München.

Die Abstammungsurkunde bekomme ich beim Standesamt IV in München. Es ist ganz unkompliziert, sie zu erhalten. Ich stelle mich am entsprechenden Schalter an, zeige meinen Personalausweis vor und erhalte gegen eine Gebühr eine Kopie. Keine Fragen, keine Rechtfertigungen. Ich muss mich nicht demütigen lassen und in Sekundenschnelle mal eben das Wesentliche meiner Existenz runterrasseln (»Entschuldigung, aber ich bin adoptiert worden und suche meine leiblichen Eltern«), so wie bei vielen Telefonaten, um Menschen, die wichtige Informationen haben könnten, überhaupt zum Zuhören zu bewegen. Genauso mühelos hole ich mir auch eine Kopie meines Familienbuchs im Standesamt I.

Aus den beiden Urkunden lässt sich zusammensetzen, dass meine Eltern erst am 18. März 1958 in München auf dem Standesamt I geheiratet hatten, nur drei Monate vor meiner Geburt. Sofort beginne ich zu spekulieren. Wann und wo hatten sich meine leiblichen Eltern kennengelernt? Vielleicht erst in München, denn als Beruf gaben meine Mutter »Studierende der Philosophie« und mein Vater »Studierender der Architektur« an. Als ich das lese, ziehen vor mir vage Antwortfetzen meiner Adoptivmutter vorbei. Sie hat erwähnt, dass mein leiblicher Erzeuger Architekt war – ein seltsamer Zufall, denn mein Adoptivvater hat das Gleiche studiert.

Also, womöglich haben sich einfach zwei chinesische Studenten in München ineinander verliebt – ohne Wissen der Familien, die dem Familienbuch zufolge in Hongkong lebten. Aber wieso haben sie mich zurückgelassen? Ist es keine standesgemäße Verbindung gewesen? Und haben sie mich wirklich nur verschenkt, weil ich ein Mädchen bin?

Als ich die Namen meiner Großeltern im Familienstammbuch lese, wird mir zum ersten Mal im Leben bewusst, dass es weit weg noch eine ganz andere Familie geben muss, die von meiner Existenz nichts ahnt. Es gibt also irgendwo Vorfahren, vermutlich weitverzweigte Clans. Zwei Tatsachen sind allerdings merkwürdig: Keine der Urkunden sagt etwas über die Nationalität meiner Eltern aus. Und: Alle Angaben wurden eidesstattlich versichert. Das heißt, es wurden nie Dokumente vorgelegt, und wenn, dann wahrscheinlich nur chinesische, die kein deutscher Beamter lesen konnte. Meine Eltern hätten also das Blaue vom Himmel schwindeln können.

Monate später, als mir auch das Amtsgericht Akteneinsicht gewährt, erfahre ich zumindest mehr über die Nationalität meines Vaters: Er besitzt ein Hong Kong Certificate mit der Nummer 286. Das ersetzte den Reisepass. Viele Chinesen aus der Volksrepublik China, meist waren sie vor den Kommunisten geflohen, besaßen diese Art von Ausweis, der ihnen ein permanentes Wohn- und Arbeitsrecht in der damaligen britischen Kronkolonie gewährte.

Mit diesen Angaben kann ich nun die internationale Suche beginnen.

Und noch eine Information steht in meiner Abstammungsurkunde: die genaue Uhrzeit meiner Geburt – 15.40 Uhr. Das ist für die Elternsuche nicht relevant, aber wichtig für mich. Denn zeit meines Lebens haben mich immer mal wieder Freundinnen wegen des Horoskops gefragt, welchen Aszendenten ich habe. Doch genauso wie es keine Babyfotos von mir gibt, keinen Stammbaum und keine Ähnlichkeit mit meinen Eltern, existierte bis dato auch diese Angabe nicht. Meine Adoptivmutter konnte mir nicht wie jede biologische Mutter sagen, um wie viel Uhr ich auf die Welt gekommen war und ob an diesem Tag die Sonne geschienen oder ob es geregnet hatte. Sie wusste nicht, wie lange und laut ich bei meiner Geburt geschrien hatte, ob ich viele oder wenige Haare auf dem Kopf gehabt hatte und was mein Vater zu mir sagte, als er mich das erste Mal in den Arm nahm.

Als Adoptivkind, dessen leibliche Eltern nicht bekannt waren, fühlte ich mich tatsächlich manchmal so, als sei ich vom Himmel gefallen. Meine Eigenschaften ließen sich viel schwerer erklären, als dies bei einem leiblichen Kind der Fall ist, dessen physische Besonderheiten und gute oder schlechte Charakterzüge sowie Talente man gern bestimmten Familienmitgliedern zuschreibt: Das hat er oder sie von Soundso. Meine deutschen Eltern konnten meine Wesensmerkmale nie auf die eigenen Ahnen zurückführen. So fehlte mir nicht nur der typische Haarwirbel an der rechten Stirnseite, den meine jüngere Schwester – das echte Kind meiner Mutter – von ihr geerbt hatte; auch typische Persönlichkeitszüge meinerseits konnten nicht von der Sippe meines Vaters oder meiner Mutter abgeleitet werden.

Umgekehrt hatte ich natürlich den Vorteil, dass ich bestimmte als weniger positiv eingestufte Eigenschaften oder Gesundheitsprobleme mit Sicherheit nicht von den Familien meiner Adoptiveltern geerbt haben konnte. Zumindest war ich froh, dass ich weder die fleischigen Pummelfüße meiner Großmutter väterlicherseits noch die lange »Enten«-Nase meiner Oma mütterlicherseits geerbt hatte.

Jedenfalls ist es für mich ein kleiner Triumph, als ich aus der Abstammungsurkunde meine Geburtsstunde erfahre. Endlich kann ich die oft gestellte Frage meiner Freundinnen beantworten: Mein Aszendent ist die Waage.

Kapitel IX

Die meisten Menschen, die ich kenne, haben nichts dagegen aufzufallen. Sie sind oft sogar bereit, viel Energie, Zeit und auch Geld zu investieren, um dieses Ziel zu erreichen. Die Mehrheit freut es, besser als der Durchschnitt auszusehen oder sich im Beruf zu profilieren. Kurzum, sich von der grauen Masse abzuheben und dem Rest der Welt zu signalisieren: Ich bin gut, ich bin besonders. Dieses Bedürfnis hatte ich nie. Im Gegenteil: Ich wollte immer ein normaler Mensch sein, Durchschnitt. Normal sein bedeutet für mich, nicht wegen meines Aussehens neugierige Blicke zu ernten und peinliche Erklärungen abgeben zu müssen. Ich möchte nicht der Exot vom Dienst sein.

Es passiert längst nicht mehr so oft wie in meiner Jugend. Aber auch in einer Zeit, in der die ganze Welt vernetzt ist, werde ich in der Bundesrepublik auf Feiern, Terminen und Konferenzen immer noch gefragt, wieso ich so gut Deutsch spreche. Höflicherweise wird mir die Frage ganz langsam und deutlich in Deutsch gestellt, damit ich auch wirklich jedes Wort verstehen kann, denn schließlich bin ich ja eine Ausländerin. Dies passiert mir nicht nur in der Provinz, wo es vielleicht noch nachvollziehbar ist, weil ich oft die einzige nicht weiße Person im Raum bin.

Aber egal wo und unter welchen Umständen, die Frage nach meinen guten Deutschkenntnissen macht mich einerseits verlegen, und andererseits empört sie mich auch nach all diesen Jahren, weil ich dadurch sofort weiß, dass die fragende Person mich als nicht selbstverständlich zu dieser Gesellschaft zugehörig einordnet. Und das gibt mir immer noch einen kleinen Stich ins Herz. Warum haben wir uns im 21. Jahrhundert, dem Zeitalter der Globalisierung, in diesem Land immer noch nicht daran gewöhnt, dass Deutschsein nichts mit der Hautfarbe und der Herkunft zu tun hat? Und: Kann mir einmal jemand beantworten, wie heutzutage ein Deutscher auszusehen hat? Immer noch blond und mit blauen Augen? Etwa so wie meine Mutter?

Ich bin es leid, ständig in ein Spiel mit wechselnden Identitäten gedrängt zu werden. Es macht mich aber auch traurig, weil ich dieses Spiel nie spielen wollte. Ich habe mir doch immer nur gewünscht, ganz normal zu sein – deutscher Durchschnitt eben.

Rassismus kommt in vielen Schattierungen daher. Der Klassiker ist, dass die Polizei dunkelhäutige Männer bei Personenkontrollen automatisch öfter kontrolliert als hellhäutige. »Ausländer raus« schreiende Neonazis sind dagegen die sichtbarste Facette von Rassismus in Deutschland. Diese Seite ist uns unangenehm, weil sie an unserem Selbstbild einer weltoffenen Gesellschaft kratzt.

Zum Glück habe ich nur wenige gefährliche rassistische Erfahrungen gemacht. Ich bin kein risikofreudiger Mensch. Das heißt, wenn ich in Großstädten unterwegs bin, dann weiß ich in der Regel, welche Straßen oder Viertel ich am besten meide oder nur mit Begleitung betrete. Ich habe also ein ganz gutes Bauchgefühl dafür, wo ich mich frei bewegen kann. Meine Gefahrenantennen melden mir schon die geringsten atmosphärischen Veränderungen.

Nur einmal habe ich mich geirrt. Kurz nach der Wiedervereinigung gab es eine rund dreijährige Phase der akuten Fremdenfeindlichkeit in der Bundesrepublik. Es war ein schleichender Prozess, der längst nicht nur in der Ex-DDR stattfand, aber dort mit besonderer Heftigkeit. Die Fernsehbilder der Angriffe auf die Asylbewerberheime von Hoyerswerda 1991 und Rostock-Lichtenhagen 1992 haben sich mir tief ins Gedächtnis eingebrannt. Ich sehe immer noch die brennenden Plattenbauten vor mir, die panischen Gesichter der Opfer und vor allem die johlende Menge, die applaudierte und glotzte. Plötzlich las ich in den Zeitungen von »Fidschis klatschen« und von Vietnamesen in Ostdeutschland, die um ihr Leben bangten. Ich war fassungslos und enttäuscht – und ich schämte mich für mein Land.

Zugleich fand ich die Situation aber auch ziemlich verrückt. Ich wusste, dass eine Horde Rechtsradikaler nicht zwischen Japanern, Thailändern, Vietnamesen, Koreanern und Chinesen unterscheiden kann. Alles Fidschis. Das heißt, sie würden bei Gelegenheit auch hinter mir herrennen, schließlich stand auf meiner Stirn ja nicht: »Lasst mich in Ruhe, ich bin deutsch.« Gut daher, dass ich in meiner sicheren bayerischen Welt mit Job, Reisen und Freunden lebte. Fremdenfeindlichkeit kam da nicht vor. Niemand hatte mir je gedroht, mich wegen meines Aussehens tätlich anzugreifen. Es war ein vertrauter Kokon, warm und geschützt.

Menschen wie ich, also alle, die in der Bundesrepublik leben und optisch nicht dem typisch deutschen Durchschnitt entsprechen, wissen, dass sie jedes Mal, wenn es gegen Flüchtlinge geht, auch selbst etwas von dieser Anti-Ausländerwelle abbekommen. Das soziale Klima ändert sich, und fremdenfeindliche Personen, die sich in entspannten Zeiten dem Druck der friedlichen Mehrheit beugen, werden auf einmal frech und probieren aus, wie weit sie folgenlos ihre Gesinnung öffentlich zum Ausdruck bringen können. Erfahrungsgemäß sind es dann vor allem die konservativen Parteien und ihre Politiker, die diese Stimmung ausnutzen, um damit Wählerstimmen zu gewinnen.

Ungefähr zwei Wochen nach dem tödlichen Mordanschlag auf zwei türkische Familien in Mölln im November 1992 fuhr ich am helllichten Tag mit der U-Bahn durch München. Außer mir und einem japanischen Touristenpärchen, das ein paar Bankreihen weiter seine Einkaufstüten sortierte, saß nur noch mir gegenüber jemand, aber ich hätte nicht sagen können, ob es eine Frau oder ein Mann war, dazu war ich zu sehr in Gedanken versunken. Am Prinzregentenplatz stieg ein Mann ein, den ich heute nicht mehr beschreiben kann. Statt sich auf eine der vielen freien Sitzplätze zu setzen, trat er dicht an die Japaner heran, drängte das Paar in die Ecke und brüllte drohend: »Vor lauter Asiaten ist kein Platz!«

Die Japaner wichen zurück und blickten ihm geschockt und verständnislos ins Gesicht. Da schrie ich ohne zu überlegen den Mann an: »Sie Rassist!«

Ich wollte den Japanern helfen. Als Einheimische musste ich doch eingreifen.

Das hätte ich besser sein lassen, denn blitzschnell wendete sich der Typ um, versperrte nun mir den Weg und hob die Hand. In solch einer Situation hatte ich mich noch nie befunden. Das Einzige, an was ich mich erinnere, ist, dass ich fast ohnmächtig vor Angst war und wie ein Kaninchen vor der Schlange erstarrte.

Gerettet hat mich die Person, die mir gegenübersaß und von der ich nicht hätte sagen können, ob sie männlich oder weiblich war. Im Zeitlupentempo erhob sie sich. Es war eine Frau, sehr groß, sehr schwer, schwarz angezogen und mit sehr vielen silbernen Ringen im Gesicht. Sie stellte sich vor mich und sagte auf Bairisch: »Recht hat's ja, a Rassist san's und a Arschloch a'no dazua.« Damit war die Lage geklärt, und der Mann drehte ab. Ich bedankte mich bei der unbekannten Retterin und taumelte an der nächsten Station aus dem Zug. Vor Wut zitterte und heulte ich.

Jetzt wusste ich: Rassisten gab es auch im sauberen und sicheren München, und vor Punks musste ich keine Angst haben.

Weitere unangenehme oder gefährliche Erfahrungen sind mir seitdem erspart geblieben. Aber das liegt auch daran, dass Asiaten, noch dazu Frauen, auf der Hitliste der rassistischen Feindbilder eher unter ferner liefen rangieren. Sie bieten wenig Angriffsfläche, weil sie als sauber, fleißig und nicht bedrohlich gelten.

Eine Art positiver Diskriminierung betreiben gegenwärtig US-TV-Serien, indem sie Asiaten gern als Ärzte, Detektive und Nerds oder digitale Wunderkinder stereotypisieren. Die Botschaft lautet: Diese Leute sind schlau. Wenngleich das Vorurteil günstig für Asiaten wie mich ausfällt, handelt es sich immer noch um eine ungerechtfertigte Unterscheidung aufgrund von rassistischen Vorurteilen. Und: Es ändert gar nichts an der Tatsache, dass es in Sachen Diskriminierung eine eindeutige Farbskala gibt: je dunkler die Haut, desto höher das Risiko.

Das gilt auch für Chinesen und kann skurrile Züge in xenophoben Gegenden wie Südtirol annehmen. Mein Bekannter Mike, ein Amerikaner mit chinesischen Wurzeln, hat das einmal am eigenen Leib erfahren. Er ist passionierter Radfahrer und durchquerte Südtirol per Rad. In einem Wirtshaus wartete er geduldig auf den Kellner. Als niemand kam, fragte er nach. Er war von der Sonne tiefbraun gebrannt und ähnelte ein wenig einem Indio aus Südamerika. In gebrochenem Englisch erklärte ihm der Wirt, dass er Farbige nicht bediene. Statt die fremdenfeindliche Wirtschaft umgehend zu verlassen, antwortete Mike eher überrascht als empört: »Aber ich bin doch Amerikaner.« Daraufhin drehte sich der Wirt um und brachte ihm Minuten später das bestellte Bier.

Rassismus kennt keine Klassen und ist unabhängig vom Bildungsstand. Im Alltag drückt sich xenophobes Verhalten in kleinen Gesten und in der Sprache aus. Zum Beispiel in den »Fremdenzimmern«, die man häufig noch im deutschsprachigen Alpenraum buchen kann. Ein Zimmer also nur für Fremde, nicht für Gäste? Und was tun, wenn die Gäste Fremde sind? Das Absurde dabei: Oft ist es gar nicht böse gemeint, sondern einfach nur Gedankenlosigkeit, die beweist, wie sehr Vorurteile und Klischees jeden von uns prägen. In meiner eigenen, erweiterten deutschen (weißen) Familie hat einmal ein mir durchaus freundlich gesonnener Verwandter bei einer Familienfeier im Restaurant erstaunt gesagt:

»Was, du bestellst Cappuccino?«

»Ja, warum nicht?«, fragte ich.

»Ich dachte, ihr trinkt keinen Kaffee, sondern grünen Tee.«

»Was heißt ihr?«

»Und esst Reis.«

»Reis?«

»Na ja, ganz China isst Reis – oder etwa nicht?« Langsam dämmerte mir, auf was mein Gegenüber anspielte.

»Ja, aber ich bin doch von hier.«

Empörung lag nun in meiner Stimme, und es entstand eine peinliche Stille. Zum Glück kam dann mein Cappuccino.

Und noch heute passiert es mir immer wieder, dass ich ein Geschäft betrete und etwas auf Deutsch frage und mir wie selbstverständlich in holprigem Schulenglisch geantwortet wird. Das ist lustig und zeigt jene bisweilen rührende Beflissenheit deutscher Höflichkeit. Aber für mich heißt das auch: Der- oder diejenige betrachtet mich nicht als zugehörig.

Normal sein heißt für mich aber nicht nur, dass ich nicht dauernd wegen meines Aussehens daran erinnert werden möchte, dass ich im Grunde genommen gar nichts in diesem Land zu suchen habe. Normalität bedeutet für mich außerdem, nicht über die Selbstverständlichkeit von Eltern nachdenken zu müssen. Normale Menschen nehmen ihre Erzeuger als gegeben hin. Diese Blutsbindung prägt sie. Und vielen würde es schwerfallen, sich vorzustellen, ganz woanders und mit anderen Werten aufgewachsen zu sein. Da, wo die Eltern sind, ist in der Regel die Heimat, die sich zwar verleugnen, jedoch nie abschütteln lässt.

Wie schwer, ja eigentlich unmöglich es ist, die eigene Heimat abzuschütteln, habe ich an meinen Wahl-Großeltern gesehen. Meine Eltern trafen sich häufig mit Herbert und Lotte, einem kinderlosen Ehepaar, das fast eine Generation älter war als sie. Wenn ich von Wahl-Großeltern spreche, dann, weil ich Lotte sehr gernhatte. Als ich noch ein Kind war, schenkte sie mir Erich Kästners *Die Konferenz der Tiere*, ein großes Bilderbuch. Später erzählte sie von ihren exotischen Reisen und zeigte mir ihre Fotos.

Lotte hatte sich das Fotografieren selbst beigebracht und war in den 1920er- und 30er-Jahren für verschiedene Pressedienste und Verlage nach Afrika, Persien und China gereist. Anfang der 1930er-Jahre gehörte sie zu den wenigen westlichen Fotojournalistinnen, die einen exklusiven Zugang zum letzten Kaiser von China – Puyi – erhielten. Lotte hatte aber nicht nur den Kaiser fotografiert, sondern auch die Damen der besseren Shanghaier Gesellschaft. Die ließen sich stolz in ihren seidenen Roben und mit ihrem teuren Schmuck ablichten. Am meisten jedoch beeindruckten mich die Bilder, die Lotte unterwegs aus Zügen oder Autos geschossen hatte. Sie waren zum Teil unscharf und zeigten Lasten schleppende Kulis, arbeitende Kinder, Insassen eines Irrenhauses und hungernde Bauern. Was ich als Kind nicht wusste und erst als Teenager richtig begriff, war die Tatsache, dass Lotte und Herbert Juden waren.

Als ich mit zehn Jahren ins Internat kam, war meine erste beste Freundin ein dunkelhaariges Mädchen mit großen Augen und auffallend langen Wimpern. Ihr Name war Mischa Goldstein. Ich fand ihren Namen wunderschön. Vor mir sah ich goldene Steine funkeln. Das war ganz anders als mein Nachname, der mir gar nichts sagte. Erst viele Jahre später erfuhr ich, dass »Horny« im Englischen so viel wie »geil« bedeutet und dass es in Tschechien ein Dorf mit diesem Namen gibt. Doch zu dem Zeitpunkt, als ich mit Mischa befreundet war, hatte mein Familienname für mich weder Sinn noch eine tiefere Bedeutung. Goldstein jedoch – das hatte echte Klasse. Darunter konnte ich mir etwas vorstellen. Aber genauso wie ich mich an Mischa erinnere, genauso ist mir folgende Konversation mit meiner Mutter im Gedächtnis geblieben:

»Mami, warum haben wir nicht auch so einen schönen Namen wie Mischa?«, fragte ich eines Tages auf der Heimfahrt vom Internat.

»Wie heißt sie denn?«, wollte meine Mutter wissen.

»Goldstein«, antwortete ich.

»Goldstein? Hm, klingt jüdisch. Was sind denn die Eltern von Beruf?« Meine Mutter sprach mehr mit sich selbst als mit mir und schien plötzlich in Gedanken versunken zu sein.

»Ich weiß es nicht, ich glaube, die Mama von Mischa ist Schauspielerin und kommt aus der Schweiz«, gab ich zur Antwort, um sofort nachzufragen: »Was heißt denn jüdisch?«

Diesmal bekam ich nicht sofort eine Erklärung. Stattdessen lenkte meine Mutter ab: »Ach, das ist nicht so wichtig. Sag mal, was willst du heute essen?«

Im Nachhinein ist das Ablenkungsmanöver meiner Mutter verständlich. Es ist schwierig, einer Zehnjährigen mal so ganz nebenbei beim Autofahren den Holocaust zu erklären.

Umso mehr war ich daher vom Schicksal meiner Wahl-Großeltern fasziniert. Den Holocaust hatten sie nur überlebt, weil sie in Bagdad wohnten. Herbert hatte dort am jüdischen Krankenhaus eine neue Stelle als Chefarzt gefunden, nachdem er schon kurz nach Hitlers Machtergreifung seinen Arztposten in Berlin verloren hatte. Lotte hatte ihn auf einer ihrer Reisen kennengelernt. Als sie 1934 vom Reichsverband der Deutschen Presse mit einem Berufsverbot belegt wurde, zog sie von Berlin nach Bagdad.

Herbert und Lotte heirateten 1935 in der Deutschen Botschaft. 1941 wurde dem jüdischen Ehepaar die deutsche Staatsbürgerschaft entzogen. Auch viele Dekaden später verstand Lotte die Feigheit der Menschen nicht und hatte für die Absurdität ihrer damaligen Lage nur ein krächzendes Lachen der Hilflosigkeit übrig. Denn ab diesem Zeitpunkt grüßte die deutsche Gemeinde in Bagdad, besonders das deutsche Diplomatencorps, mit dem man viele Jahre per Du war, das Ehepaar von einem Tag auf den anderen nicht mehr öffentlich. Und auch von den feinen Einladungen der deutschen Botschaft zum Tee und den Soireen mit Tanz und Musik waren Lotte und Herbert fortan ausgeschlossen. Das jüdische Ehepaar war nun staatenlos.

Zugleich bekam Lotte Probleme mit den britischen Militärbehörden. Der Grund: Als ehemalige Deutsche verdächtigten die Briten die Fotojournalistin der Spionage. Die Tatsache, dass sie Herbert in der Deutschen Botschaft geheiratet hatte, reichte, um den beiden nicht zu glauben, dass sie Juden waren. Man unterstellte ihnen, dass dies nur Camouflage sei. Lotte wurde deshalb verhaftet und in ein Internierungslager gesteckt. Zuerst in Palästina, später in Kenia und zuletzt in Uganda. Herbert blieb in Bagdad und bemühte sich vergeblich, seine Frau wieder frei zu bekommen. Erst 1944 wurde Lotte aus dem Lager entlassen und konnte zu ihrem Mann zurückkehren. In den 1950er Jahren kamen die zwei schließlich nach Deutschland zurück. Herbert eröffnete noch einmal eine Arztpraxis in München.

Für mich war es als Heranwachsende absolut unverständlich, warum Lotte und Herbert wieder in einem Land leben wollten, das ihre Familien entweder umgebracht oder ins Exil gedrängt hatte; in einem Land, dessen Regime sie selbst nur in der Ferne überlebt hatten.

Nach dem Tod von Herbert habe ich Lotte ungefähr einmal pro Monat besucht. Zum Tee gab es Bahlsen-Plätzchen, und wir haben uns unterhalten. Für Lotte muss ich ein unerfahrener Teenager gewesen sein. Aber weil ich schon begonnen hatte, mich für China zu interessieren, gab es reichlich Erzählstoff. An einem dieser angenehmen Nachmittage habe ich meiner Wahl-Großmutter eine unangenehme Frage gestellt, die mir schon lange auf der Zunge brannte. Ich wartete, bis

Lotte den Tee eingegossen und sich gesetzt hatte. Nun suchte sie nach ihrer Zigarettenschachtel auf dem Couchtisch, fand sie und zündete sich eine Zigarette an. Endlich war der Moment gekommen, um sie zu fragen.

»Lotte, ich versteh euch nicht. Warum seid ihr nach Deutschland zurückgekommen?«

»Wieso, Tinga, was soll diese Frage?«

»Ich meine, dass euch die Nazis, wenn ihr in Deutschland geblieben wäret, im KZ vernichtet hätten. Ihr lebt nur, weil der Arm der Nazis nicht bis Bagdad reichte. Kehrt man in so ein Land freiwillig wieder zurück?«

»Aber wir konnten nicht anders«, antwortete Lotte und blickte mir verständnislos in die Augen.

»Wie meinst du das?«

Ich verstand die alte Dame wirklich nicht, und deswegen erklärte sie mir:

»Weil Deutschland doch unsere Heimat ist. Wohin hätten wir sonst gehen sollen?«

Lottes Antwort habe ich nie vergessen. Es ist die Antwort, die jeder automatisch gibt, der in Deutschland aufgewachsen und sozialisiert ist. Sie signalisiert: Er kann nicht anders. Man entkommt seiner Heimat nicht, ob man will oder nicht. Deutschland war Lottes und Herberts Heimat, genauso wie es meine war oder die meiner Mutter oder meines Vaters. Das war die ganz »normale« Normalität.

Das Schicksal hatte mir zwei Paar Eltern beschert und mich damit in ein emotionales Durcheinander gestürzt. Das Wissen, dass ich auch in einer ganz anderen sozialen Schicht und an einem anderen Ort hätte aufwachsen können, erschwerte es mir viele Jahre lang, mich selbst und meine Umgebung zu akzeptieren. Dabei ging es nie darum, welches Elternpaar mir das bessere Leben hätte bieten können. Es ging lediglich um das Bewusstsein, dass die Möglichkeit, auch als Chinesin in Hongkong oder als Amerikanerin in Georgia groß geworden zu sein, nie bloß Fantasie war, sondern sehr real bestand. Das Leben war also tatsächlich eine Lotterie. Dieses Bewusstsein ließ bei mir aber die Wahrheiten verschwimmen und raubte mir die Sicherheit meiner Existenz. Ich war und werde der Bundesrepublik Deutschland nie dankbar sein, dass ich deutsch bin. Ich wäre auch der Volksrepublik China oder den Vereinigten Staaten nicht dankbar. Die Zugehörigkeit zu einem Land sucht sich niemand aus; sie ist kein Verdienst, sondern der Zufall teilt sie einem ohne zu fragen einfach zu.

Und: Ich werde meinem Vater und meiner Mutter nie dankbar sein, dass sie mich adoptiert haben. Aber ich bin ihnen dankbar, dass sie mich lieben und mir dank Erziehung und Bildung viele Türen geöffnet haben.

Ich hatte fast die Mitte meines Lebens erreicht, als ich mit der Suche nach meinen leiblichen Eltern begann. Jeder, der sich mit Adoptionen auskennt, wird bestätigen, dass spätestens in diesem Alter viele Adoptivkinder nach ihrer Herkunft suchen. Es ist vielleicht die Phase eines Lebens, wo zum ersten Mal so etwas wie eine Bilanz gezogen wird. Mir ging es gut, ich wohnte komfortabel, reiste viel, hatte einen Beruf und Freunde. Und dennoch bin ich so oft gegen unsichtbare Wände gelaufen, war hin und her gerissen und fühlte mich alleingelassen. Jede Fete, jeder Empfang, jede Messe, jedes Geschäftstreffen mit fremden Menschen war eine Herausforderung für mich. Immer würde jemand etwas in mir sehen, was ich nicht bieten und gegen das ich mich nicht wehren konnte. Mein größter Wunsch, einfach nur als Standard-Deutsche akzeptiert zu werden, würde sich nie erfüllen. Und zugleich gab es niemanden in meiner Umgebung mit einer ähnlichen Biografie – mit emotionalen Schnittstellen, die er mit mir teilen konnte.

In ganz Deutschland wurden in einem Zeitraum von 57 Jahren, von 1950 bis 2007, nur circa eine halbe Million Kinder adoptiert. Davon sind rund 337 900[3] sogenannte Fremdadoptionen, also keine Verwandtenadoptionen, bei denen zum Beispiel der Stiefvater oder die Stiefmutter das Kind des Partners adoptieren. Und lediglich ein Bruchteil davon betrifft die Annahme von ausländischen Kindern. So waren beispielsweise dem Statistischen Bundesamt zufolge 2011 von den insgesamt 4060 Adoptionen 1690 Fremdadoptionen. 525 Kinder stammten aus dem Ausland, darunter aber nur 79 aus Asien und keines aus China. Selbst wenn internationale Auslandsadoptionen inzwischen ein lukratives Geschäft geworden sind, bleiben Adoptiertsein und Anders-Aussehen immer noch die große Ausnahme. Sie sind eben noch längst nicht normal und üblich in diesem Land.

Auch die Umstände, unter denen ich adoptiert wurde, waren anders als heute üblich. Meine Mutter hatte nie versucht, verzweifelt schwanger zu werden. Sie hatte sich nicht vergeblichen Hormonkuren und künstlichen Befruchtungen unterzogen. Der Erwerb eines Adoptivkinds war für meine Eltern nicht die allerletzte Chance gewesen, eine Familie zu gründen. Ein Kind gehörte nicht unbedingt zum Eheglück meiner künftigen Eltern. Sie hatten sich weder beim Jugendamt um ein Adoptivkind beworben noch internationale Adoptionsagenturen abgeklappert. Vielmehr bin ich ihnen einfach passiert. Zumindest hat meine Mutter es mir so erzählt. Und glaubt man ihr, dann war es der pure Zufall, der uns zusammentreffen ließ.

Kapitel X

Meine Eltern waren bei meiner Adoption bereits fast zehn Jahre verheiratet und arbeiteten zusammen. Papa war Architekt, und Mama kümmerte sich als Innenarchitektin bei seinen Projekten um die Einrichtung und Details. Sie waren in vieler Hinsicht Vorläufer der heutigen DINKs (double income no kids) und hatten – untypisch für diese Zeit – keine großen Ambitionen, Kinder in die Welt zu setzen.

Mein Vater hat nie darüber gesprochen, aber wie viele Männer seines Alters kam er desillusioniert und depressiv aus dem Krieg zurück. Kein Traumaexperte kümmerte sich damals um diese seelenwunde Generation. Wie viele andere, hat auch mein Vater nie über seine Kriegserlebnisse geredet und nie von der Nazizeit erzählt. Er hatte Zweifel, Zweifel an sich und an der Menschheit. Eine eigene Familie war deswegen nicht unbedingt sein Lebensziel. Die Energie meines Vaters und meiner Mutter konzentrierte sich stattdessen auf die Karriere und den Aufbau eines eigenen Architekturbüros. Die Zeiten dafür waren nicht schlecht. München war zerstört und musste wieder aufgebaut werden.

Meine Mutter war eine attraktive Frau und hatte nach ihren Worten »einige platonische Verehrer«. Darunter auch den Bankangestellten, Herr R., der ihr Konto verwaltete und sich immer sehr freute, wenn meine Mutter am Kundenschalter auftauchte. Er war ein großer, freundlicher Mann, dem ich nur ungern die Hand gab, denn er drückte sie jedes Mal viel zu fest. Wenn es seine Zeit erlaubte, lud Herr R. gerne meine Mutter zum Kaffee ein und spendierte mir einen Kuchen oder ein Eis. Herr R. wusste natürlich, welchen Beruf seine bevorzugte Kundin ausübte, und der Zufall wollte es, dass er als engagierter Katholik ausgerechnet ehrenamtlich für das Waisenhaus arbeitete, in dem ich aufwuchs. Als es renoviert werden musste, ergriff Herr R. die einmalige Gelegenheit, künftig noch öfter Kaffee mit meiner Mutter zu trinken, indem er sie fragte, ob sie bereit wäre, bei der Renovierung zu helfen.

»Du bist mir sofort aufgefallen.« Meine Mutter hat den Augenblick, in dem sie mich zum ersten Mal sah, nie vergessen. Ich habe sie nie gern nach unserer ersten Begegnung gefragt, weil es mir wehtat, daran erinnert zu werden, dass ich adoptiert worden war. Aber natürlich war ich neugierig. Und mindestens einmal in meinem Erwachsenenleben habe ich sie danach gefragt:

»Sag mal, wie war das, als du mir zum allerersten Mal begegnet bist?«

Im Gegensatz zu mir hatte meine Mutter keine Probleme, von damals zu erzählen, und es sprudelte geradezu aus ihr heraus:

»Ich bin damals in die Paosostraße in München gefahren, um das Waisenhaus für die Umbauten zu besichtigen. In dem ganzen Haus gab es nur zwei kleine Mädchen, die bereits gehen konnten und mich anstarrten. Das eine warst du, und das andere war ein schwarzes Mädchen, das, wie mir die Schwester erzählte, bereits Adoptiveltern gefunden hatte. Ich sehe euch noch heute vor mir: Ihr habt weiße Kleidchen getragen und viel zu große weiße Strumpfhosen.«

Eigentlich hätte ich längst in einem Heim für größere Kinder untergebracht sein sollen, denn dieses Kinderheim war nur für Säuglinge gedacht. Aber es hatte sich verzögert; zudem wartete man bei mir auf die Freigabe zur Adoption.

Ich weiß nicht, ob es Liebe auf den ersten Blick oder Mitleid war oder beides zugleich – auf jeden Fall ging ich meiner künftigen Mutter nicht mehr aus dem Kopf.

»Anfangs haben wir gar nicht daran gedacht, dich zu adoptieren. Ich wollte dir nur etwas Gutes tun«, erzählte meine Mama. Sie dachte daran, ein Konto für mich zu eröffnen oder mich jedes Wochenende zu besuchen und vielleicht Weihnachten zu sich zu holen. Es war mein Vater, der Silvester 1960/61 meine Lage analysierte und feststellte, dass, wenn man mir langfristig helfen wollte, man mich für immer bei sich aufnehmen müsse. Gesagt, getan. »Du weißt ja, der Papi war immer sehr konsequent, wenn er sich mal zu etwas entschlossen hatte.«

Und so zog ich bis zur Adoption Ende 1962 erst einmal als Pflegekind zu meinen neuen Eltern. Da war meine Mutter 36, mein Vater 40.

Um die »Erlaubnis zur Haltung« von mir – wie es im damaligen Amtsdeutsch hieß – zu bekommen, mussten meine evangelische Mutter und mein katholischer Vater noch einmal kirchlich heiraten, und zwar diesmal katholisch. Darüber amüsierte sich meine Mutter noch Jahre später:

»Weißt du was, wir mussten beide bei dem katholischen Pfarrer in Grünwald antreten und die Bibel pauken. Und das passierte ausgerechnet mir, wo ich doch nie in eine Kirche gehe und mit der Maria nichts am Hut habe!« Meine Mama lachte und fuhr fort: »Der Pfarrer hat uns dann tatsächlich noch einmal katholisch getraut! Stell dir das mal vor, obwohl wir doch schon seit zehn Jahren evangelisch verheiratet waren. Also diese Katholiken! Aber weißt du was, wenn wir das nicht gemacht hätten, dann hätten wir dich bestimmt nicht gekriegt.«

Denn die katholische Kirche, in deren Waisenhaus ich aufgewachsen war, wollte mich nur an ein Ehepaar der gleichen Konfession abgeben, damit ich garantiert im katholischen Glauben erzogen werden würde. Darüber gibt es sogar eine schriftliche Vereinbarung zwischen meinen Eltern und meinem Vormund. Darin erklären sich meine künftigen Eltern »damit einverstanden, dass die katholische Erziehung des Kindes durch den Katholischen Jugendfürsorge-Verein überwacht wird« – ausdrücklich auch nach meiner Adoption. Deswegen also eilten mein Papa und ich fast jeden Sonntag zur Andacht und mussten ganz hinten stehen, weil wir immer zu spät kamen.

Mit meiner Adoption begann meine deutsche Biografie inklusive deutscher Vorfahren und deren Geschichte. Weder meine Mutter noch mein Vater waren Münchner. Mein Vater kam aus einer besseren Beamtenfamilie in Wiesbaden. Mein Großvater war Agrarwissenschaftler, seine Doktorarbeit hat er über das Nassauische Rind verfasst. Er hätte wahrscheinlich eine glänzende Karriere machen können, wenn er sich nicht gleich zu Beginn von Hitlers Machtergreifung mit dem Regime angelegt hätte. Nicht etwa, weil er etwas gegen den neuen Reichskanzler gehabt hätte – er war ja ein geschmeidiger höherer Beamter, und Hitlers NSDAP war schließlich gewählt worden und damit ganz legal an die Regierung gekommen –, sondern weil er sich mit dem Gauleiter von Hessen-Nassau, Jakob Sprenger, nicht verstand. Den fand er nicht hinnehmbar – unkultiviert und primitiv. Sprenger rächte sich auf seine Weise: Die Wohnung meiner Großeltern wurde durchsucht, die Familie musste Wiesbaden verlassen, und mein Großvater schlug sich fortan in Garmisch-Partenkirchen mit schlecht bezahlten Aushilfsjobs durch.

Gelebt hat die Familie damals vom Vermögen meiner Großmutter, die von einem Weingut an der Mosel stammte und von ihren Eltern sehr verwöhnt wurde. Miezemutti – so nannten wir sie – war eine frühe Verehrerin von Hitler und den Nazis. Nur die Entlassung ihres Gatten aus politischen Gründen dämpfte ihren anfänglichen Enthusiasmus für die Nazidiktatur.

Meine Mutter wurde in Germersheim geboren, einer pfälzischen Kleinstadt. Die Familie stammte von aus Frankreich geflohenen Hugenotten ab. Ihr Vater besaß eine Schilderfabrik und war passionierter Jäger, ihre Mutter spielte Tennis und fuhr große Autos. Zu Hause gab es eine Haushälterin, eine Köchin und ein Mädchen. »Wir waren wohlhabende Provinzler«, beschreibt meine Mama ihr Elternhaus. Sie musste es bereits früh verlassen. Wegen ihrer schwachen Lunge lebte sie ab ihrem vierten Lebensjahr in einem Sanatorium in Davos. Die Familie sah sie selten. Ab und zu reiste die Mutter an, um sie zu besuchen. Als Hitler den Krieg begann und deswegen Deutsche in der Schweiz nicht mehr willkommen waren, steckten die Eltern die Tochter ins Internat zu den Englischen Fräulein in Landau. Engstirnig und prüde – meine evangelische Mutter verliert kein gutes Wort über die katholischen Nonnen in diesem Internat und ihre Zeit dort.

Nach dem Krieg zog es die Tochter aus gutem, aber spießigem Hause nach München – in die Großstadt. Raus aus dem Kleinstadtmief, rein in die große weite Welt. Kennengelernt und angefreundet haben sich meine Eltern 1948 während des Studiums. Mein Vater studierte Architektur an der

Technischen Universität, meine Mutter Innenarchitektur an der Kunstakademie.

Mit dieser Familiengeschichte bin ich aufgewachsen. Mit ihr identifiziere ich mich. Sie ist Teil meiner Mentalität. Ich sah zwar chinesisch aus, aber ich wusste nicht, was China war und welche Werte dort galten. Ich fühlte mich als Deutsche, und so war ich entsetzt, als ich erfuhr, dass meine Großmutter väterlicherseits eine glühende Hitler-Anhängerin gewesen war und dass sich mein Vater gemeinsam mit seinem besten Freund freiwillig zum Arbeitsdienst gemeldet hatte, bevor er als Offizier mit ihm in den Krieg zog. Nur ein Zufall – ein Lehrgang in Schweden – verhinderte, dass mein Vater im Winter 1943 in das schwer umkämpfte Stalingrad zurückkehrte. Ich habe mir als Kind oft ein Auge zugehalten, weil ich wissen wollte, wie mein Vater die Welt sieht. Denn aus dem Zweiten Weltkrieg kam er mit einem blinden linken Auge zurück.

Ich identifiziere mich ebenfalls mit den politischen Ansichten meiner deutschen Familie. Es wäre mir nicht in den Sinn gekommen, anders zu denken. Das heißt, wir verehrten Willy Brandt und verachteten die Bild-Zeitung, die gegen Brandt und seine Ostpolitik aufs Übelste hetzte. Mein Vater stritt sich nächtelang mit konservativen Freunden und Bekannten über Franz-Josef Strauß und diskutierte über »Die Grenzen des Wachstums« des Club of Rome. Nach der Lektüre dieses Weltzustandsberichts, der 1972 veröffentlicht wurde und auf große öffentliche Aufmerksamkeit stieß, war mein Vater für den Rest seines Lebens auf dem Energiespartrip – oder zumindest, was er dafür hielt – und schaltete immerzu und überall die Lichter aus.

Nur in einem Punkt waren sich mein Vater und ich uneins.

Als ich 14 wurde, bestand meine erste Tat darin, aus der katholischen Kirche auszutreten. Ich tat es, weil dies so ziemlich die erste amtliche Handlung ist, die ein Jugendlicher ohne die Erlaubnis eines Erziehungsberechtigten vollziehen kann. Es war für mich der erste Schritt, erwachsen zu werden und meine Souveränität unter Beweis zu stellen. Genauso wie beim Zigarettenrauchen. Ich ging aufs Standesamt, und der Gemeindeangestellte musste meine Religionszugehörigkeit aus den Dokumenten streichen. Ein Akt der Emanzipation. Es fühlte sich sehr überlegen an. Mein Vater aber tobte, als er herausfand, was ich getan hatte:

»Wer hat dir erlaubt, aus der Kirche auszutreten?«

»Papa, dazu muss ich niemanden mehr fragen, das darf ich jetzt ganz allein entscheiden«, antwortete ich patzig.

»Weißt du überhaupt, was du da getan hast? Ist dir klar, was das bedeutet? Woher denkst du eigentlich, kommt die Kunst? Sag mir, wo wären wir ohne Kirche?«, schimpfte er weiter.

Betretenes Schweigen meinerseits.

»Riemenschneider, Giotto, die Sieneser Schule – ja glaubst du denn, die gäbe es ohne die Kirche?«, fragte er mich.

Ich wurde kleinlaut und war zugleich verwirrt. Ich merkte, dass mein Papa, der mit Sicherheit kein Bilderbuch-Katholik war, die Kirche für etwas schätzte, an das ich bis dahin noch keinen einzigen Gedanken verschwendet hatte. Trotzdem, ich blieb bei meinem Kirchenaustritt und war froh, dass Papi mir diesen Akt nicht noch als Undankbarkeit auslegte, weil ich doch die ersten Jahre in einem katholischen Waisenhaus verbracht hatte. Er hatte zum Glück auch vergessen, dass er dem Katholischen Jugendfürsorge-Verein schriftlich versprochen hatte, mich bis zur Volljährigkeit katholisch zu erziehen.

Sähe ich nicht so chinesisch aus, würde ich vermutlich als typische Deutsche durchgehen. Vor allem in China habe ich gemerkt, wie wenig mich mit jenem Land verbindet außer einer großen Sympathie. Ausländische Freunde, die mich lange kennen, bescheinigen mir Untugenden wie Arroganz, Offenheit bis zur Taktlosigkeit und eine bisweilen selbstzerfleischende Skepsis. Kurzum alles Eigenschaften, die sie als ziemlich deutsch empfinden.

Jedes Mal, wenn ich als Erwachsene Bilanz zog, ahnte ich, dass mich die Überidentifikation mit der Bundesrepublik nicht weiterbrachte. Sie machte mich nur wütender, weil ich die selbstverständliche Akzeptanz als Deutsche nicht erzwingen konnte. Zugleich hatte ich erfahren, dass auch nach fünf Jahren China nie eine echte Chinesin aus mir werden würde.

Vermutlich habe ich genau aus diesem Grund ein paar Jahre vor meiner Elternsuche eine Familientherapie gemacht. Ich schreibe »vermutlich«, weil ich zum Zeitpunkt der Therapie nur wusste, dass ich das Verhältnis zu meinen Adoptiveltern verbessern musste. Unsere Beziehung war fragil. Wir wussten, dass wir uns lieben, aber wir waren sprachlos geworden angesichts meiner Wut über meine Existenz. Wir konnten nicht über meine Probleme sprechen, weil wir diese verleugneten. Rasse, Anders-Aussehen, Diskriminierung, das Stigma der Adoption spielten für meine Eltern keine Rolle, und deswegen konnten sie die Probleme, die ich damit von Kindheit an hatte, nie begreifen. Und ich war unfähig, es ihnen zu erklären. Zunächst, weil ich zu jung war, um zu erkennen, was diese Art der Verdrängung in unserer Familie anrichtete. Später, weil es sehr geschmerzt hätte, den eigenen Eltern in die Augen zu sehen und endlich zuzugeben: »Ja, ich wurde adoptiert.«

Irgendwann aber mussten wir beginnen, wieder miteinander zu reden. Die einzige Alternative dazu wäre ein Abbruch unserer Beziehungen zueinander gewesen. Die Auflösung unserer Familienbande aber hätte mich damals, wie ich ahnte, zerstört – und meine Familie bis zu einem gewissen Grad ebenfalls. Meine Eltern waren schon zu alt, um sich noch zu ändern, deshalb lag es an mir, einen Lösungsweg zu finden. Ich wusste, ich brauchte professionelle Hilfe.

Damals konnte ich noch nicht ahnen, dass die Familientherapie, der ich mich unterzog, Jahre später die Suche nach meinen leiblichen Eltern mit auslösen würde. Meine Therapeutin Frau K. hatte mich jedoch in vielen Sitzungen so weit gebracht, anzuerkennen, dass neben meinen Adoptiveltern mit Sicherheit irgendwo – tot oder lebendig – noch ein Paar Eltern existierte, die mich gezeugt und die mir ihr Aussehen mitgegeben hatten. Dramatischer Höhepunkt meiner Therapie war eine Familienaufstellung. Im Nachhinein spüre ich immer noch den tiefen Schmerz, der mich wie ein Blitz durchzuckte.

Niemand hatte mich davor gewarnt, mit welcher Wucht diese Therapiemethode Emotionen freisetzen kann. Erst hinterher ist mir klar geworden, warum dieses Verfahren unter Experten so umstritten und mit Sicherheit nichts für zart besaitete Gemüter ist. Vor einer Gruppe von Psychotherapeuten musste ich meine Familie mit stellvertretenden Personen nachstellen. Hier der Papa, da die Mama und etwas weiter entfernt die sechs Jahre jüngere Schwester. Fertig.

»Tinga, sind Sie sicher, dass das schon alles war?«, fragte mich meine Therapeutin.

»Klar doch, das ist meine Familie«, antwortete ich.

»Sind Sie ganz sicher?«, wiederholte Frau K.

»Hm, doch, ja, wir sind komplett«, sagte ich.

»Und wo bleiben Ihre leiblichen Eltern?«, bohrte sie nun nach.

Ach ja, die hatte ich schlichtweg vergessen. Langes Schweigen, furchtbare Gefühle, und dann sah ich sie vor mir auftauchen wie Erscheinungen: Schräg hinter meinem Vater stand ein Chinese, schräg hinter meiner Mutter eine Chinesin – und beide starrten mich mit ausdruckslosem Blick an.

»Und jetzt gehen Sie bitte zu Ihren leiblichen Eltern und sagen: ›Ja, es gibt euch, ihr seid meine biologischen Eltern‹«, forderte mich meine Therapeutin auf.

In diesem Moment fiel es mir wie Schuppen von den Augen: Es gab irgendwo auf dieser Welt noch einen Vater und eine Mutter, die mich gezeugt hatten. Meine physischen Eltern waren keine Geister. Ich stand noch Tage später unter Schock. Niemals mehr würde ich vor dieser Erkenntnis weglaufen können.

Aber das Annehmen der Tatsache, dass ich nicht vom Himmel gefallen war und leibliche Eltern haben musste, löste bei mir nicht sofort die Neugier auf meine Erzeuger aus. Erst als ich im Regen am Grab meines Adoptivvaters stand, begann es in mir zu rumoren, und ein paar Monate später griff ich wie ferngesteuert zum Telefonhörer, um mit der Suche nach meinen Wurzeln zu beginnen.

Kapitel XI

Als ich mit den Nachforschungen nach meinen leiblichen Eltern begann, hatte ich keine Vorstellung, wie lange ich suchen würde. Im Grunde genommen hatte ich gehofft, dass die Angelegenheit mit ein paar Telefonaten erledigt sein würde. Maximal ein paar Wochen, mehr Zeit würde so eine Recherche doch nicht dauern. Aber da hatte ich mich gewaltig geirrt. Schließlich hatte ich einen Vollzeitjob. Zugleich unterschätzte ich, wie langsam die Mühlen der Bürokratie mahlen würden, wie viele Briefe geschrieben und wie viele Ämter kontaktiert werden mussten – und in wie viele Sackgassen ich geraten würde.

In den Akten des Amtsgerichts hatte die Hong Kong Certificate Number 286 meines leiblichen Vaters gestanden. Deswegen nahm ich an, diese Nummer würde für eine Anfrage beim Einwohnermeldeamt der ehemaligen britischen Kronkolonie genügen, und ich hätte die Adresse meines Erzeugers. Aber weit gefehlt. Die Datenschutzgesetze waren in der ehemaligen Kronkolonie mindestens genauso streng wie in der Bundesrepublik, und nur eine offizielle Stelle würde unter Umständen mit einem Gerichtsbeschluss wegen eines berechtigten Interesses Einsicht erhalten. Ich musste mich also an eine internationale Suchorganisation wenden, die mehr Erfahrung und Kompetenzen als ich hatte. Zumindest dachte ich das.

Infrage kam in meinem Fall der Internationale Sozialdienst, der unter anderem auf die Elternsuche bei Auslandsadoptionen spezialisiert ist. Mit einer Adoption, die so lange zurücklag und kaum dokumentiert war und daher wenig Anhaltspunkte lieferte, konnte die Organisation allerdings wenig anfangen. Damit war sie überfordert. Die Recherche war zu zeitaufwendig und versprach wenig Erfolg. Der Dienst verwies mich an das Internationale Rote Kreuz in Bonn. Das jedoch erschien mir als Zeitverschwendung. Schließlich hatte mich das Rote Kreuz in Hongkong bereits informiert, dass es die Aufgabe seiner Suchabteilung darin sehe, bei Familienzusammenführungen nach Naturkatastrophen und bewaffneten Konflikten zu helfen, vor allem wenn es sich um minderjährige Kinder handelte. Beides traf auf mich nicht zu. Ich war alles andere als ein Notfall. Und um mir das schriftlich mitzuteilen, hatte man fast ein Jahr gebraucht.

Also bin ich wieder auf mich selbst angewiesen und ein bisschen frustriert. Ich klage meiner Freundin Hai-wen mein Leid. Sie ist Chinesin. Das Studium und die Liebe haben sie nach München gebracht. Sie muntert mich auf:

»Du weißt schon, dass es nur eine Schreibweise für deinen früheren Familiennamen ›Ting‹ gibt?«

Ja, das weiß ich bereits.

»Und für den Vornamen deines Vaters ist die Zahl der möglichen chinesischen Zeichen ebenfalls überschaubar«, fährt Hai-wen fort.

»Wie meinst du das?«, frage ich.

»Es gibt nur fünf Zeichen, um ›Kai‹ zu schreiben, und zwei für ›Shou‹. Ich meine damit, dass es gar nicht so schwer ist, die chinesischen Zeichen für den Namen deines leiblichen Vaters Ting Kai-shou herauszufinden.«

»Aha«, sage ich und werde neugierig.

»Wenn du willst, schreibe ich dir alle Möglichkeiten auf. Damit könntest du dann in den chinesischen Archiven suchen.«

»Hai-wen, das wäre super. Mach das bitte. Danke!«

Auf einmal schöpfe ich wieder Hoffnung. Es geht immer irgendwie weiter. Es findet sich immer irgendwie ein Weg.

Schwieriger ist es bei meiner leiblichen Mutter. Ich weiß noch nicht einmal, ob ihr Familienname Lin oder Liu lautet. Das kommt daher, dass die phonetische Umschrift in verschiedenen Dokumenten ihren chinesischen Namen mal in Kantonesisch, mal in Hochchinesisch wiedergibt. Es werden zudem verschiedene Lautschriftsysteme angewendet, und schließlich könnte es sich auch um einen ganz banalen Schreibfehler handeln. Vielleicht hat jemand einfach ein »n« mit einem »u« verwechselt. Dafür geht aus den Unterlagen hervor, dass meine leibliche Mama katholisch getauft wurde. Warum also nicht bei der Katholischen Gemeinde von Hongkong nachfragen?

Wochenlang versuche ich, die Diözese von Hongkong telefonisch zu erreichen. Ich erhalte schließlich die Information, dass ich erst einmal mit dem »Communication Center« sprechen müsse. Die Anrufe in die ehemalige britische Kronkolonie stellen sowohl mich wie auch mein jeweiliges Gegenüber auf harte Geduldsproben. Es gibt viele Missverständnisse. Das Problem mit Hongkong ist, dass zwar viele der Einwohner dort Englisch verstehen, aber teilweise mit einem unverständlichen Akzent sprechen.

Doch eines Tages habe ich Glück.

»Yes, Sie sprechen mit Mary Seung vom Communication Center der Diözese von Hongkong«, meldet sich eine Stimme.

»Mary, ich erzähle Ihnen jetzt so kurz wie möglich meine seltsame Geschichte und mein Anliegen. Bitte legen Sie nicht auf.«

Geduldig hört mir Mary zu.

»Wissen Sie, ich suche meine Mutter. Ich weiß leider noch nicht einmal, ob ihr Familienname Lin oder Liu geschrieben wird. Ich weiß nur, dass sie katholisch getauft wurde. Und ich vermute, dass die Taufe in Hongkong stattfand. Deshalb hatte ich die Hoffnung und Bitte, dass man vielleicht in der katholischen Gemeinde von Hongkong nach meiner Mutter suchen könnte?«

»Hm, wir haben gar nicht so viele Möglichkeiten, nach jemandem zu suchen. Wir können es lediglich mit dem Taufregister versuchen«, schlägt Mary Seung vom Communication Center vor.

Nachdem sie die Fährte aufgenommen hat, geht alles ziemlich zügig. Anscheinend hat die katholische Kirche weniger Probleme mit dem Datenschutz. An einem Donnerstag Anfang November erhalte ich folgendes Fax von Mary:

Wir konnten den Taufeintrag Ihrer Mutter finden. Sie wurde am 23.12.1956 in der Rosary Church, Hongkong, getauft. Leider gibt es keinen Hinweis über ihren Verbleib.

Im Auszug des Taufregisters steht außerdem der Name meiner Mutter auch in chinesischen Zeichen, sie heißt Liu, nicht Lin: Liu Mei-fen Mary. Das ist ein Fortschritt. Damit kann ich sie in Shanghais Geburtsregister suchen. Und noch ein verblüffendes Detail: Sie hat in der Ludwigskirche in München am Mittwoch, den 19. März 1958, geheiratet, einen Tag nach der standesamtlichen Trauung. Auch der Name ihres Ehemannes ist verzeichnet, aber leider nur in Umschrift, nicht in chinesischen Zeichen.

Diese Information lässt in mir zum ersten Mal die Hoffnung aufkeimen, dass ich meine leiblichen Eltern wirklich finden werde. Soll ich sofort ein Flugticket für Hongkong buchen? Nachdem ich über ein Jahr lang ohne Erfolg gesucht habe, kommt auf einmal Bewegung in meine Recherche. Nun soll es schnell weitergehen. Ich möchte diese Geschichte bald zu Ende bringen. Sie kostet mich viel Kraft und ist mit vielen Gefühlen verbunden. Jede Absage, jeder Irrweg, jede Verzögerung fühlt sich an wie eine Niederlage, ein Schlag in die Magengrube.

Und immer wieder fragen mich die wenigen Freunde, die von meiner Suche wissen: Was tust du, wenn dich deine Eltern nicht treffen wollen? Aber das kann ich mir nicht vorstellen.

»Du, ich stelle mir diese Frage gar nicht. Sollte ich je meine leiblichen Eltern finden, dann werde ich ihnen keine Wahl lassen«, antworte ich Amy, als sie mich in einem Telefonat darauf aufmerksam macht, dass ich mich auch auf die Möglichkeit der totalen Verweigerung meiner physischen Eltern einstellen muss.

»Tinga, ich meine nur, dass du mit allem rechnen musst, und wenn sie dich nicht sehen wollen, musst du das akzeptieren«, wendet meine Freundin ein.

»Ich werde meinen leiblichen Eltern keine Wahl lassen, sondern sie zwingen, mir in die Augen zu sehen. Sie haben mir schließlich auch nie eine Wahl gelassen.«

»Du klingst verbittert«, stellt meine Freundin fest, und ich schweige, weil sie recht hat. Meine biologischen Eltern haben mich schließlich zurückgelassen; in einem fremden Land, bei fremden Menschen. Ich möchte eine Erklärung, und vielleicht ein Wort des Bedauerns, der Entschuldigung. Ich finde, wenigstens das kann ich verlangen. Ich habe letztendlich mein ganzes Leben unter dieser Zurückweisung gelitten.

Die Diözese von Hongkong hat nicht nur sofort in ihren Taufregistern nach Liu Mei-fen geforstet. Jetzt, da ihr Name und die Schreibweise feststehen, schlägt Mary Seung vor, umgehend Suchanzeigen in verschiedenen Medien zu schalten. Womöglich gibt es Personen, die meine Mutter kennen und sich melden. Und mit ein bisschen Glück lebt sie noch in der Stadt und ruft vielleicht sogar höchstpersönlich an.

Mitte November erscheint an einem Sonntag in der chinesischen *Kung Kao Po* und im *Sunday Examiner* jeweils zweisprachig folgende Anzeige:

> *Searching for Lau Mei-fan, Mary alias Liu Mei-fen, Maria. Chinese name:* 刘梅芬. *Studied in Germany, returned to Hong Kong in 1958. Her relative is seeking to meet her. Please contact Hong Kong Catholic Social Communications Office. Phone: 2522–3771.*

In den nächsten Tagen schlafe ich wenig. Ich starre nachts an die Decke und stelle mir die ganze Zeit vor, wie sich Tausende von Kilometern von München entfernt in Hongkong jemand an Mary von der katholischen Diözese wendet und ihr erzählt, dass er meine Mutter kennt. Das sei doch die Frau, die das und das mache … In so einem Fall würde ich sofort nach Hongkong fliegen und meine Mutter treffen. Und während ich mir ausmale, wie wohl diese erste Begegnung ausfallen würde, dämmert mir, dass mir meine Mutter sehr wahrscheinlich ähnlich sieht und dass ich vielleicht den Mund, die Hände oder die Körpergröße von ihr geerbt habe. Der Gedanke schockiert mich. In meiner Familie sieht die älteste Tochter ganz und gar nicht ihren Eltern ähnlich, und das ist für uns normal.

Ich kann mir nicht vorstellen, dass noch jemand so aussieht

wie ich. Genauso wie ich noch nie jemanden getroffen habe, der Tinga heißt. Wenn Menschen meinen Namen hören, dann sagen sie oft, dass sie eine Katinka, die Tinka genannt wird, kennen. Oder eine Tina. Oder eine Tinki. Aber einer Tinga bin ich noch nie begegnet. Und als vor einigen Jahren eine Kollegin von mir ihre Tochter Tinga nannte, war ich ein wenig vor den Kopf gestoßen. Wie konnte sie nur!

»Ich meine, es ist doch mein Name! Sie hätte mich wenigstens fragen können!«, schimpfte ich beim Mittagessen in der Kantine.

»Aber jeder kann sein Kind nennen, wie er will. Das ist nicht deine Sache«, sagte ein Kollege. Er musste es wissen, er hatte Kinder.

»Ja, aber ich habe in meinem ganzen Leben noch nie jemanden getroffen, der auch Tinga heißt. Das ist eine Zweckentfremdung meines Namens.« Jetzt musste mein Kollege laut lachen.

»Tinga«, erklärte er mir, »jetzt mach' mal halblang. Dein Name ist nicht patentiert. Jeder darf und kann ihn benutzen. Aber ich kann dir eines versichern: Wenn diese Kollegin dich nicht mögen würde, hätte sie ihrer Tochter ganz bestimmt nicht diesen Namen gegeben.«

Das leuchtete mir ein.

Trotzdem habe ich, seit ich denken kann, immer das Gefühl der Einmaligkeit gehabt. Mich gab es bisher nur exklusiv – mit einer ungewöhnlichen Geschichte und einem einzigartigen Namen, den mein Vater erfunden hatte. Dieses Ungewöhnlich-Sein hat mich oft zur Außenseiterin gemacht. Aber andererseits führte es auch dazu, dass mir nie der Gedanke kam, dass irgendwo zwei Personen existieren könnten, denen man ansah, dass sie meine Erzeuger waren. Dieses Bild von mir selbst würde ich ganz bestimmt korrigieren müssen, wenn ich wirklich je meinen physischen Eltern gegenüberstehen würde.

Aber vorerst warte ich vergeblich auf Nachrichten. Und ich werde auch nie Nachrichten von Mary Seung erhalten. Niemand hat sich auf die Anzeigen in der *Kung Kao Po* und im *Sunday Examiner* gemeldet.

Wann immer ich bei meiner Elternsuche in eine Sackgasse gerate, sind es Freunde, die mich wieder auf die richtige Spur bringen und eine Rechercheidee haben. Wieder gibt mir Haiwen einen wichtigen Tipp und damit eine neue Perspektive. Sie stammt aus Shanghai, und weil sie in München studiert hat, weiß sie, dass Ausländer an der Universität immer auch ihre Heimatadresse angeben müssen. »Frag noch mal an den Hochschulen nach«, lautet daher ihr Rat.

Die Münchner Ludwig-Maximilians-Universität hatte ich bereits vor einem Jahr in dieser Angelegenheit angerufen. Aber sie hatten sofort auf den Datenschutz verwiesen und abgeblockt. Deswegen habe ich damals erst einmal nicht weitergebohrt. Doch nun nehme ich den Faden wieder auf und frage in der Studentenkanzlei nach.

Ich klopfe um halb neun Uhr an die Tür von Zimmer 153 und lande bei Herrn S. Ich fühle sofort, dass er mir nicht weiterhelfen wird, es sei denn, ich komme ihm mit dem »berechtigten Anliegen« und der Amtshilfe, die mir das Amtsgericht und das Sozialreferat leisten.

»Entschuldigung, ich hätte eine Frage. Ich bräuchte eine Adresse von einem ehemaligen Studenten«, beginne ich unser Gespräch.

»Gibt's nicht. Wir haben hier Datenschutz.«

»Ich weiß, aber darf ich Ihnen den Grund meines Besuchs erklären?

»Ich habe keine Zeit.«

»Aber jetzt hat die Studentenkanzlei doch Sprechstunde. Darf ich's Ihnen trotzdem erklären? Ich habe alle relevanten Unterlagen dabei. Also, ich – ähm – ich wurde adoptiert. Ich suche meine Eltern«, sage ich und versinke vor Scham in den Boden. Alle Anwesenden in Zimmer 153 der Studentenkanzlei können zuhören.

Herr S. beugt sich nun noch tiefer über seinen Schreibtisch und tut so, als ob er intensiv in einem Dokument liest. Er sieht mir kein einziges Mal in die Augen. Dafür horchen die drei Frauen auf, die vorher fleißig stapelweise Prüfungsunterlagen sortiert haben, und sortieren nun deutlich langsamer. Ich ernte mitleidige Blicke. Mein Gott, warum kann Herr S. nicht freundlicher sein? Ich bin doch keine Bittstellerin, die ihm Geld aus der Tasche leiern will.

»Wissen Sie, vermutlich hat mein Vater in den Jahren 1957/58 an der Uni Architektur studiert. Ich würde gern wissen, ob es noch Unterlagen von ihm gibt, die mir bei der Suche weiterhelfen könnten«, ergänze ich. Mein Hals wird trocken und meine Stimme dünner.

Doch meine Geschichte rührt Herrn S. überhaupt nicht. Er wimmelt mich routiniert ab, und wir können uns lediglich darauf einigen, dass das Sozialreferat wegen meiner Angelegenheit noch einmal bei ihm vorspricht. Furchtbar enttäuscht über das Ergebnis und die erneute Weigerung einer amtlichen Stelle, mir zu helfen, verlasse ich kurz vor neun Uhr wieder die Halle der Universität. Später stellt sich zum Glück heraus, dass Herr S. beziehungsweise die Ludwig-Maximilians-Universität die gesuchten Informationen gar nicht gehabt haben.

Nach dieser Niederlage setze ich all meine Hoffnungen auf Herrn B. Den habe ich im Gegensatz zu Herrn S. nie persönlich getroffen. Aber er ist einer der vielen unbekannten Helfer, die mir ein weiteres entscheidendes Puzzleteil für meine Elternsuche liefern. Ich weiß nicht warum, aber ich hatte zu Beginn meiner Suche nicht daran gedacht, dass mein leiblicher Vater vielleicht an der Technischen Universität (TU) Architektur studiert haben könnte – so wie mein Adoptivvater nach dem Krieg.

Kapitel XII

Es ist ganz leicht, Herrn B. zu finden. Nach wenigen Anrufen habe ich ihn an der Strippe. Er ist Leiter der Immatrikulationsstelle der Technischen Universität München und hat eine sehr amtliche Stimme, reserviert. Aber zu meiner Erleichterung ist er weder misstrauisch noch ablehnend. Vielmehr hört er geduldig zu, was ich zu sagen habe, und antwortet dann sachlich.

»Sie wissen, dass es ein Datenschutzgesetz gibt?«, fragt er mich streng.

»Ja, das kenne ich inzwischen.«

»Das heißt, ich darf Ihnen nicht so ohne Weiteres Informationen über an der TU eingeschriebene Studenten geben«, erklärt er mir. Doch trotz seines Einwands kann ich am Tonfall von Herrn B. erkennen, dass er nachdenkt, abwägt. »Allerdings«, überlegt er laut, »wenn Ihr Vater wirklich damals bei uns studiert hat, müsste es mit Sicherheit Unterlagen im Archiv geben. Aber ob ich Ihnen die geben darf, kann ich erst entscheiden, wenn ich die konkrete Sachlage kenne. Schicken Sie mir doch bitte einen Brief mit Ihrem Anliegen und mit den Kopien aller relevanten Dokumente.«

»Oh, oh, vielen Dank, das mache ich gern«, stottere ich vor Überraschung darüber, dass hier jemand offensichtlich bereit ist, mir zu helfen.

»Ach, Frau Horny«, sagt Herr B. zum Schluss, »wenn ich Ihnen noch einen Tipp geben darf: Beeilen Sie sich damit, dann können wir die Angelegenheit vielleicht noch vor meinem Weihnachtsurlaub klären. Auf Wiederhören.«

Noch am selben Tag schreibe ich abends folgenden Brief an die Technische Universität München:

Sehr geehrter Herr B.,

wir haben am Montag, den 23. November, kurz miteinander telefoniert. Wie ich Ihnen bereits mitteilte, bin ich auf der Suche nach meinem Vater, er hat vermutlich 1957/58 in München Architektur studiert – vielleicht sogar an der TU München.

Ich habe vor über einem Jahr angefangen, meine Eltern zu suchen. Ich wurde Anfang der 60er-Jahre von deutschen Eltern adoptiert. Die Suche gestaltet sich mühsam, und ich lerne langsam, die richtigen Wege zu gehen. So weit habe ich alle Amtsgerichte, Standesämter und Einwohnermeldeämter abgeklappert. Jetzt erst fiel mir ein, dass eventuell auch an der TU Dokumente über meinen Vater vorhanden sein könnten.

Es wäre schon interessant, was für Informationen das Archiv der TU hat. Die Fragen wären, ob er mit einem Stipendium nach München kam, ob er die chinesischen Zeichen seines Namens irgendwo vermerkt hat, ob er eine Heimatadresse in Hongkong hinterlassen hat …

Für mich wäre jeder Hinweis wichtig. Manchmal ergeben sich aus scheinbar unwichtigen Informationen tatsächlich richtungsweisende Spuren …

Ich wäre sehr dankbar, wenn Sie mir helfen könnten. Ich kenne die Datenschutzgesetze. Deswegen bitte ich Sie, mir möglichst bald zu sagen, ob Sie mit mir direkt in Kontakt treten dürfen oder nur über eine amtliche Stelle. Das Sozialreferat München,

Adoptionsstelle, ist mir bei der Suche behilflich und würde in so einem Fall um Ihre Amtshilfe bitten. Das Amtsgericht München ließ mich ebenfalls in meine Akte sehen. Dort hatte ein Richter entschieden, dass ich als Betroffene ein Recht auf Einsicht und Kopien der Unterlagen habe.

Mit freundlichen Grüßen
Tinga Horny

Zwei Wochen später, an einem Adventssamstag, liegt ein Brief von der Technischen Universität München vor meiner Tür. Ich komme gerade von den Weihnachtseinkäufen zurück. Ich schleiche um den Brief herum und wage kaum, ihn zu öffnen. Er ist sehr dünn, es ist bestimmt eine Absage. Herr B. von der Immatrikulationsstelle darf oder will mir nichts sagen, ich muss also doch das Sozialreferat einschalten. Also weitere Briefe, weitere Telefonate und vor allem erneut warten, warten, warten. Oder schlimmer noch: Sie haben keine Unterlagen gefunden. Mein Vater hat nie an dieser Universität studiert, und daher können sie mir leider nicht helfen.

Aber das Gegenteil ist der Fall. Als ich den Brief öffne, sehe ich, dass mir Herr B. unter dem Zeichen Ref. 11/Ba-3 Folgendes mitteilt:

Sehr geehrte Frau Tinga Horny,

Herr Ting Kai-shou hat an der damaligen Technischen Hochschule München von 1956/57 bis 1957 (zwei Semester) studiert.
Als Heimatanschrift der Eltern wurde »Kader Industrial Co. Ltd., King's Road Hongkong« angegeben.

Aus einem Schriftwechsel von 1965 ist für Ihren Vater die Anschrift »22 Tauner Road (off King's Road) North Point, Hongkong« zu entnehmen.

Mit freundlichen Grüßen
i.A. (B.)

Du lieber Himmel, ich bin am Ziel! Ich habe es geschafft! Endlich habe ich eine Adresse. Der Rest wird ein Kinderspiel sein. Ich habe meine biologischen Eltern praktisch schon gefunden.

Ich triumphiere und mache mit meiner Suche sofort weiter. Wann wurde diese Firma Kader gegründet? Gibt es das Unternehmen noch? Was produziert es? Aus dem Hongkonger Handelsregister geht hervor, dass es zwei Firmen mit dem Namen Kader International gab. Eine wurde in Fischer Engineering & Maintenance umbenannt und später aufgelöst. Die andere scheint ebenfalls nicht mehr zu existieren. Aber es gibt noch weitere Stellen, über die ich mehr über Kader International erfahren kann, zum Beispiel das Hong Kong Trade Development Council in Frankfurt, bei dem ich sofort anfrage. Darüber hinaus kann ich natürlich auch das Hongkonger Telefonbuch sowie das Internet konsultieren.

Eine weitere Möglichkeit ist – ganz altmodisch – die internationale Telefonauskunft 11834. Zum Firmennamen Kader International liefert sie mir auf Anhieb vier Telefonnummern. Ich notiere sie mir und telefoniere sie – frühmorgens wegen der Zeitverschiebung – systematisch hintereinander ab.

Bei der ersten Nummer nimmt niemand den Hörer ab. Bei der zweiten habe ich einen Kantonesisch sprechenden Mann in der Leitung, der mich kaum versteht. Leider ist niemand in der Nähe, der Englisch kann. Deswegen sage ich auf Mandarin, dass ich morgen noch einmal anrufen würde, in der Hoffnung, dass dann vielleicht jemand da ist, der weiterhelfen kann. Der Mann legt auf. Ich weiß nicht, ob er mich verstanden hat. Unter der dritten Nummer erwische ich eine Frau, die ebenfalls nur einen chinesischen Dialekt spricht, den ich nicht verstehe. Als ich frage, ob sie Englisch könne, ruft sie erschreckt »No, no!« und legt auf.

Viel Hoffnung habe ich auch bei der vierten Nummer nicht, die ich in Hongkong anwähle. Eine helle Frauenstimme flötet zunächst Unverständliches, diesmal jedoch in gebrochenem Englisch. Ich versuche als Erstes herauszubekommen, ob es sich um eine Firma handelt und wo sie sich befindet. Mein Gedanke dabei: Weiß ich erst einmal die Adresse, dann kann mir nichts und niemand mehr weglaufen. Noch hat die Dame nicht aufgelegt. Als ich nach einem Herrn Ting frage, hält sie für den Bruchteil einer Sekunde inne, bevor sie zurückfragt:

»Welchen Herrn Ting wollen Sie sprechen?«

»Wie viele Herren Ting gibt es denn?«

»Drei. Aber derzeit sind nur Michael Ting und Andrew Ting in Hongkong.«

»Wer ist der wichtigere Ting?«, will ich wissen.

»Mister Andrew Ting ist der Chairman von Kader International, Mister Michael Ting der Manager.«

»Dann möchte ich bitte mit Andrew sprechen«, sage ich und werde sofort enttäuscht, denn die helle Frauenstimme antwortet:

»Da müssen Sie morgen wieder anrufen. Mister Andrew Ting ist erst dann wieder im Büro. Warten Sie, ich gebe Ihnen die Nummer seiner Sekretärin.«

Warten, einen ganzen langen Tag warten! Und das so kurz vor dem Ziel! Vom Hongkong Trade Council in Frankfurt kommt ein Fax. Es handelt sich um ein Firmenprofil von Kader International: Das Unternehmen stellt elektronisches Spielzeug in Kanton her und handelt zugleich mit Rohstoffen wie Plastik, Bronze und Zink. Spannend ist für mich das Gründungsdatum der Firma: 1948. Das könnte bedeuten, dass die Familie Ting wie viele andere chinesische Clans auch noch vor der Machtübernahme der Kommunisten nach Hongkong floh, um dort wieder Fuß zu fassen. Zu dem Zeitpunkt herrschte Bürgerkrieg in China, und Mao Tse-tung und Chiang Kai-shek rangen um die Macht.

Als ich am nächsten Tag im Büro von Andrew Ting anrufe, nimmt eine Sekretärin ab, die weder flötet noch englische Silben verschluckt. Meine erste Frage nach Andrew Ting stößt ins Leere. Er ist wieder nicht im Büro. Ich bin enttäuscht und fürchte, die Frau könnte einfach wieder auflegen. Aber zum Glück kommen wir ins Gespräch.

»Stimmt es, dass die Tings aus Shanghai kommen?«, frage ich so ganz nebenbei.

»Ja, soweit ich weiß, ist das richtig«, antwortet die Sekretärin.

»Wissen Sie zufällig, wann das Unternehmen Kader International gegründet wurde?«, forsche ich weiter und hoffe, dass sie nicht merkt, dass ich sie aushorchen will.

»Nein, tut mir leid. Aber warum wollen Sie das wissen? Ist das wichtig?«

Misstrauen liegt auf einmal in der Luft, und ich fühle, wenn ich jetzt nicht mit meiner Geschichte herausrücke, werde ich nie mit Chairman Andrew Ting sprechen. Ich habe nur wenige Minuten, um diese völlig fremde Frau in Hongkong von meinem Anliegen zu überzeugen, damit sie mir den direkten Draht zu Andrew herstellt. Ich atme tief ein und wieder aus, bevor ich mit der Wahrheit herausrücke. Es gelingt mir, meine Stimme sachlich zu halten.

»Mein Vater ist mit großer Wahrscheinlichkeit Ting Kaishou Jeremy. Er hat in Deutschland studiert. Bevor er und seine Frau wieder nach Hongkong heimgekehrt sind, haben sie mich in einem Waisenhaus in München zurückgelassen. Jetzt forsche ich nach meinen Eltern. Deshalb suche ich nach einer Familie mit dem Namen Ting.«

Schweigen am anderen Ende der Leitung, bevor mir die Sekretärin schließlich verrät:

»Andrew Ting hat tatsächlich einen Bruder, der Ting Kaishou heißt und älter als er ist. Aber ich bin mir nicht sicher, ob er in Deutschland studiert hat.«

»Ist sein englischer Name Jeremy?«, bohre ich nach.

»Ja, so wurde er auch genannt.«

»Wissen Sie denn, wo Ting Kai-shou Jeremy lebt? Das muss Ihnen doch bekannt sein.«

Die Sekretärin zögert, bevor sie antwortet:

»Nein, wo er derzeit wohnt, weiß ich nicht. Auf jeden Fall lebt er nicht in Hongkong. Ich weiß gar nichts von ihm. Über ihn wird nie geredet«,

»Warum denn nicht?«

»Ich habe keine Ahnung. Ich habe Ting Kai-shou nur einmal in meinem Leben gesehen, obwohl ich seit über 20 Jahren die Sekretärin von Andrew Ting bin. Aber nun beantworten Sie mir bitte eine Frage: Was ist aus Ihnen geworden, und was machen Sie?«

Kurz erzähle ich dieser unbekannten Frau, die weit weg in Asien in einem Büro sitzt, dass ich in den 1960er-Jahren von einer deutschen Familie adoptiert wurde, fast mein ganzes Leben in Deutschland verbracht habe und als Journalistin arbeite. Um mich müsse sich niemand Sorgen machen. Mir gehe es gut. Ich höre, wie Tings Sekretärin schwer in das Telefon seufzt. Meine Geschichte scheint sie zu berühren. Schließlich sagt sie mir, dass ihr Chef täglich von zehn bis zwölf Uhr arbeite, und zwar in zwei verschiedenen Büros.

»Morgen, am Samstag, arbeitet Mister Ting in seinem anderen Büro. Warten Sie, ich gebe Ihnen die Telefonnummer.«

Sofort befürchte ich, dass dies ein Manöver ist, um mich abzuwimmeln. Deshalb frage ich:

»Muss ich Angst haben, dass da dann eine andere Sekretärin sitzt, die mich vielleicht nicht zu ihm durchstellt?«

Doch ich werde beruhigt:

»Machen Sie sich keine Sorgen. Das Telefon kann er hören, Sie kommen garantiert durch. Aber rufen Sie pünktlich um zehn Uhr an.«

Bevor wir unser Gespräch beenden, möchte ich noch etwas von dieser Fremden wissen:

»Darf ich Ihnen noch eine letzte Frage stellen?«

»Ja, gern.«

»Wie heißen Sie?«

»Cathleen. Und Sie?«

»Ich heiße Tinga. Cathleen, vielen, vielen Dank. Sie wissen nicht, wie sehr Sie mir bei meiner Elternsuche weitergeholfen haben«, sage ich, und meine Stimme zittert ein bisschen. Dann lege ich auf.

Vor Aufregung bebe ich am ganzen Körper. Jetzt trennen mich nur noch wenige Meter vom Zieleinlauf. Ich kann es fühlen. Ich möchte es am liebsten der ganzen Welt erzählen. Doch noch ist diese Recherche nicht abgeschlossen. Aus dem Gespräch mit Cathleen ergeben sich sofort neue Fragen: Wenn mein Vater nicht wie der restliche Ting-Clan in der ehemaligen Kronkolonie wohnt, wo lebt er dann? In den Vereinigten Staaten? In Kanada? Wohin emigrieren Hongkong-Chinesen in der Regel? Am Ende arbeitet er gar in Deutschland?

Ich bin überzeugt davon, dass ich die richtige Familie Ting gefunden habe, mit der ich verwandt bin. Der Weg zu meinen leiblichen Eltern führt also auf jeden Fall über Hongkong. Zumindest muss es dort Menschen geben, die mehr als ich über meine Familie wissen. Andrew Ting, Vorsitzender von Kader International, wird mir sagen können, wo mein Vater heute lebt und was er macht. Ting wird vielleicht auch die Familie meiner Mutter kennen. Sicherlich kann er mir Personen nennen, die mit der Familie Liu bekannt sind. Und im Idealfall muss er mir nur aus seinem Adressbuch die relevanten Telefonnummern und Anschriften heraussuchen.

Ich stelle meinen Wecker auf drei Uhr nachts, dann ist es zehn Uhr morgens in Hongkong.

Kapitel XIII

Noch ganz steif vor Müdigkeit wähle ich die Telefonnummer, die mir Cathleen gestern gegeben hat. Ich warte. Vor über einem Jahr habe ich mit meiner Elternsuche begonnen. Wenn ich Glück habe, kann ich sie jetzt abschließen. Ich werde die Adresse meiner Eltern erfahren, einen Flug nach Hongkong buchen und sie besuchen.

Nach dem zweiten Läuten nimmt jemand ab und brüllt ein unfreundliches »Hello« in den Hörer. Stille, dann knackt es in der Leitung, wieder Stille. Vorsichtig frage ich:

»Spricht dort Andrew Ting?«

»Yes, was wollen Sie?«, schnauzt Herr Ting zurück.

»Entschuldigung, aber ich hätte ein paar Fragen. Hat Ihnen Ihre Sekretärin nicht gesagt, um was es geht?«

»No.«

»Gut, dann sage ich es Ihnen jetzt. Sie haben doch einen älteren Bruder, Ting Kai-shou?«

»Yes«, bestätigt Andrew Ting.

»Und der hat Mitte der 50er Jahre in München Architektur studiert? Und er hatte eine Frau, die Liu Mei-fen hieß?« Ich will mich rückversichern, ob wir auch wirklich über dieselben Personen sprechen.

»Yes, was wollen Sie?«

»Oh«, sage ich und muss in diesem Moment meinen ganzen Mut zusammennehmen, um Herrn Ting zu eröffnen: »Dann fürchte ich, dass ich seine Tochter sein könnte.«

Andrew schweigt, atmet hörbar, schweigt sehr lange.

So wie sich Herr Ting bisher am Telefon verhalten hat, gehört er zu den Menschen, die wenig Sinn für Höflichkeitsfloskeln übrighaben. Als vermutlich viel beschäftigter Manager mit zwei Büros wird er in der Regel derjenige sein, der Tempo und Thema einer Konversation bestimmt. Gespräche, die zu nichts führen, sind für ihn reine Zeitverschwendung. Ich kann den alten Herrn geradezu vor mir sehen, wie er ungeduldig auf seine Uhr blickt und am liebsten den Hörer auf die Gabel knallen würde. Diese fremde Frau aus Deutschland, was will die von mir? Und vor allem: Wohin führt mich dieses seltsame Telefonat?

Doch Ting hat längst den richtigen Zeitpunkt verpasst, um unsere Konversation zu beenden. Woher weiß diese Unbekannte, dass mein Bruder in München Architektur studiert hat? Wieso kennt sie den Namen von der Ehefrau meines Bruders? Und was bringt sie dazu, zu behaupten, dass sie seine Tochter ist? Mein Gott, wenn das stimmt … Kann es sein, dass sich Kai-shou schon wieder in Schwierigkeiten gebracht hat? Andrew Ting ist hin und her gerissen zwischen großer Neugier und dem Wunsch, in Ruhe gelassen zu werden, deswegen herrscht er mich an:

»Warum rufen Sie mich an?«

»Weil ich nicht weiß, wo sich Ihr Bruder aufhält. Ich bin froh, dass ich Sie jetzt gefunden habe. Ich suche schon über ein Jahr nach meinen Eltern.«

»Ich habe keinen Kontakt zu meinem Bruder.«

»Aber Sie wissen doch wenigstens, wo sich Ihr Bruder aufhalten oder wo ich weitersuchen könnte?«

»Brasilien«, antwortet Andrew Ting unvermittelt.

»Wie bitte, Brasilien?«

Ich erfahre von dem unwirschen alten Herrn, dass der ungeliebte ältere Bruder Ende der 1970er-Jahre nach Brasilien ausgewandert ist. Allerdings hat er keine Telefonnummer oder Adresse von ihm, lediglich eine Nummer von Liu Mei-fen in Brasilien. Das könnte darauf hindeuten, dass meine biologischen Eltern nicht mehr zusammenleben. Haben sie sich getrennt, und wenn ja: warum? Aber dazu kann oder möchte Herr Ting mir nichts sagen.

»Fragen Sie doch Ihre Mutter!«, bellt er in den Hörer. Dann fragt mich der alte Ting unvermittelt: »Sind Sie verheiratet?« In abweisendem, abgehacktem Stakkato schießt er nun eine Reihe persönlicher Fragen an mich ab: »Haben Sie Kinder?«, »Was machen sie beruflich?«, »Wo leben Sie?«.

Ich beantworte ihm jede einzelne Frage in der Hoffnung, auch selbst noch mehr über seine beziehungsweise meine Familie herauszubekommen. Nein, ich habe keine Kinder. Ich habe mit 21 Jahren in Peking einen amerikanischen Juden geheiratet. Wir haben uns wenige Jahre nach unserer Heirat wieder getrennt. Inzwischen habe ich nur noch sporadisch Kontakt zu meinem Ex, der mit seiner zweiten Frau und zwei Kindern in Hongkong lebt. Ich habe danach nicht mehr geheiratet und bin nach Deutschland zurückgegangen. In Düsseldorf habe ich bei einer Wirtschaftszeitung volontiert und bin Journalistin geworden.

»Wann wurden Sie geboren?«, unterbricht mich Andrew Ting plötzlich.

»Im Juni 1958«, antworte ich.

Daraufhin stößt Andrew Ting einen tiefen Seufzer aus und stellt dann erleichtert fest:

»Dann können Sie gar nicht die Tochter meines Bruders sein.«

»Wie bitte? Das ist nicht möglich«, erwidere ich.

Doch Andrew besteht darauf: »Sie sind wirklich nicht die Tochter meines Bruders.«

Der Grund: Ende Juni 1958 hat Andrew Jeremy in München besucht. Zusammen reisten die beiden nach Brüssel zur Weltausstellung. Es war die erste Expo nach dem Zweiten Weltkrieg und daher ein großes Ereignis, das in Scharen Besucher aus der ganzen Welt anzog. Auch für meine Adoptiveltern war die Expo Anlass, nach Brüssel zu reisen. Ich weiß das, weil ein Foto meine künftige Mutter auf der Terrasse eines Cafés zeigt. Sie wartet auf die Bedienung und will bezahlen, denn in der rechten Hand hält sie einen Geldbeutel. Sie blickt leicht zur rechten Seite, und die Sonne fällt auf ihren tomatenroten Hut. Auf der Rückseite des Fotos steht »Brüssel Expo« drauf. Leider ist das genaue Datum des Fotos nicht mehr lesbar. Deswegen kann ich nicht sagen, ob die Tings und meine Eltern in spe vielleicht sogar zur gleichen Zeit die Weltausstellung besuchten. Für meine Wurzelsuche spielt dieses Detail keine Rolle, aber für mich ist es das erste Zeichen, dass sich die Wege meiner leiblichen und meiner neuen Eltern mehr als einmal – zumindest indirekt – kreuzten.

»Ihre Mutter Liu Mei-fen hatte keinen dicken Bauch, als ich sie damals traf. Sie kann unmöglich schwanger gewesen sein«, erinnert sich Herr Ting. Doch ich muss ihn enttäuschen. Er kam schließlich erst Ende Juni nach Europa.

»Ich bin am 5. Juni auf die Welt gekommen und bereits zehn Tage später in ein Waisenhaus gebracht worden. Vielleicht ist Ihr Besuch ja auch der Grund für meine eilige Abschiebung gewesen«, wende ich ein. Wenn das tatsächlich der Fall gewesen war, dann konnte er wirklich nichts von der gerade überstandenen Schwangerschaft meiner Mutter mitbekommen haben.

Andrew Ting reagiert auf meine Bemerkung mit einer längeren Gesprächspause, bevor er erzählt:

»Mein Bruder hat mich damals mit seiner Frau am Flughafen abgeholt.«

»Das war sicher noch der alte Flughafen in München-Riem?«, frage ich nach.

»Weiß ich nicht mehr, aber ich weiß noch, dass sich die beiden furchtbar gestritten haben mussten. Jeder konnte es sehen, sie haben nicht mehr miteinander gesprochen.«

»Wissen Sie, über was sie sich gestritten hatten?«

»Nein, natürlich nicht. Nur muss es wirklich etwas Schlimmes gewesen sein, denn sie sprachen nicht nur an jenem Tag nicht miteinander. Sie redeten tagelang nicht miteinander«, antwortet Andrew Ting, bevor er laut räsoniert: »Aber wissen Sie, jetzt durch Ihren Anruf wird mir vieles klar.«

Sofort hake ich nach: »Was ist Ihnen gerade klar geworden?«

Doch Andrew Tings Stimmung hat sich plötzlich verändert, und er antwortet kurz angebunden: »Am besten fragen Sie Ihre Mutter.«

Ich spüre, dass ich nicht mehr weiterkomme. Fast 20 Minuten sind vergangen. Nun will Andrew Ting nicht mehr reden. Er gibt mir noch zwei Telefonnummern meiner Mutter in Brasilien durch, bevor er sich verabschiedet. Ich bedanke mich, lege auf und bin plötzlich hellwach.

Was hat meine Eltern bewegt, nach Brasilien zu gehen? Warum um Himmels willen ausgerechnet Brasilien? Da gibt es zwar in São Paulo die größte Gemeinschaft von Japanern im Ausland, aber nur wenige Chinesen. So wie Andrew Ting auf die Erwähnung meines Vaters reagiert hat, muss dieser das schwarze Schaf der Familie sein. Die Beziehungen zum Familienclan müssen mehr als zerrüttet sein. Allein den Namen Ting

Kai-shou in den Mund zu nehmen, fällt dem alten Mann in Hongkong offenbar äußerst schwer. Was ist passiert, dass er meinen Vater so hasst?

Als Nächstes versuche ich, meine leibliche Mutter in Brasilien anzurufen. Aber zu meiner großen Enttäuschung spricht niemand, der abhebt, Englisch oder Chinesisch. Bei der einen Nummer kichert ein Mann verlegen in den Hörer, bei der anderen legt ein junges Mädchen sofort auf, nachdem sie mein Englisch nicht versteht. Ich brauche also jemanden, der Portugiesisch spricht.

In dieser Situation kann mir nur Sarah helfen. Sie ist Amerikanerin, und wir sind uns Anfang der 1980er-Jahre in Peking begegnet. Wir haben zusammen in derselben US-Firma gearbeitet und uns angefreundet. Sarah hat inzwischen nach Argentinien geheiratet, und ich weiß, dass sie neben Spanisch und Chinesisch auch Portugiesisch spricht. Sie hat ein paar Jahre für eine internationale Firma in São Paulo gearbeitet. Ich telefoniere mit ihr, und sie notiert die Telefonnummern. Sie will sofort anrufen. Es dauert dann aber doch ein wenig länger, weil Weihnachten ist. Und als sich meine Freundin endlich per E-Mail meldet, schreibt sie: »deadlock« – Sackgasse. Die beiden Telefonnummern, die mir Andrew Ting gab, sind veraltet. Die jetzigen Besitzer der Nummern haben weder chinesische Verwandte noch kennen sie Chinesen.

Daraufhin schreibe ich Andrew Ting ein Fax. Zwar hat er mich in unserem ersten und einzigen Gespräch nicht aufgefordert, ihn auf dem Laufenden zu halten, aber ich hoffe dennoch auf seine Mithilfe. Vielleicht fällt ihm noch irgendein Detail zu seinem ungeliebten Bruder ein. Ich teile ihm in meinem Schreiben auch mit, dass ich keinerlei familiäre oder finanzielle Ansprüche an die Tings stellen wolle, schließlich würde ich durch die Adoption in Deutschland dieselben Rechte wie ein leibliches Kind in meiner Familie genießen. Auf diesen Punkt haben mich meine Freunde gebracht. Sie nehmen an, dass Andrew Ting vielleicht befürchtet, ich könnte am Vermögen der Familie interessiert sein. Womöglich ist er deshalb so abweisend und vorsichtig.

Und ich habe Glück. Andrew Ting antwortet wenige Tage später. Auf seinem Briefkopf steht ein vornehmes »Andrew H. S. Ting, OBE, JP«. Das heißt, der Mann muss Verdienste haben, denn er wurde mit dem Order of the British Empire ausgezeichnet und trägt ehrenhalber den Hongkonger Titel eines Friedensrichters. Andrew nennt mir zu meiner Überraschung diesmal eine Adresse seines Bruders. Sie lautet: Avenida Anita Garibaldi 1450, Curitiba, Parana, Brasilien. Doch damit kann ich erst einmal wenig anfangen. Es gibt keine aktuelle Telefon- oder Faxnummer dazu.

Stille Verzweiflung packt mich. Warum können die Dinge nicht einmal nur einfach sein? Ich benötige lediglich eine Telefonnummer, um mit meinem leiblichen Vater oder meiner Mutter sprechen zu können. Aber an die komme ich nicht. Und das vermutlich nur, weil ich nicht genau weiß, wie die chinesischen Namen der beiden romanisiert wurden. Wie schreibt sich mein Vater in Brasilien? Jeremy Ting, Jeremy Thing oder Ting Kai-shou oder Kai-shou Thing? Und meine Mutter Maria Liu, Maria Lau (das wäre Liu in Kantonesisch) oder wie im Register der Rosary Church in Hongkong – Mary Liu oder Lin?

Mit nur der Adresse in der Hand ist mir die Reise nach Brasilien zu riskant. Wer weiß, vielleicht wohnt Ting Kai-shou schon lange nicht mehr in dieser Avenida. Ich wäre aufgeschmissen, wenn es eine ungültige Anschrift wäre. Ich kenne Brasilien nicht, und ich kann kein Portugiesisch. Recherchieren wäre in diesem fremden Land für mich folglich nur begrenzt möglich.

Ich muss mich also wieder systematisch an die Recherche machen: Ich frage bei den brasilianischen Niederlassungen des Hong Kong Trade Development Council sowie bei der chinesischen Handelskammer nach einem Ting Kai-shou, nehme Kontakt zur katholischen Gemeinde in Curitiba auf und rufe in Abständen bei der internationalen Telefonauskunft an – jedes Mal mit einer anderen Kombination und Schreibweise der Namen meiner vermutlichen Eltern. Und zwischendurch frage ich mich, warum ich eigentlich nicht schon längst im Flugzeug nach Hongkong sitze, um Andrew Ting einen Besuch abzustatten. Vielleicht könnte er anhand meines Aussehens seine Schlüsse in Bezug auf seinen Bruder und dessen Frau ziehen. Sicherlich aber könnte er mir helfen, den Clan meiner Mutter zu kontaktieren. Vielleicht haben die ihre Adresse in Brasilien.

Ich tue es nicht. Stattdessen handle ich mir nur Absagen ein. Das Hong Kong Trade Development Council winkt ab, genauso wie die katholische Gemeinde in Curitiba. Auch ein sehr zuvorkommender Richard Liu von der chinesischen Handelskammer in São Paulo kann mir nicht weiterhelfen, wenngleich er verspricht, die Suche nicht aufzugeben.

Aber dann hilft mir – wie so oft – der Zufall. Oder vielmehr ein alter Freund. Walter ist viel älter als ich und hatte sein Sinologiestudium längst beendet, als ich noch auf das Gymnasium ging. Er war der erste Mensch, der mich auf Chinesisch ansprach. Er sagte »Ni hao« (chinesisch: Guten Tag) und bescherte mir damit einen furchtbaren Moment, denn als Teenager ist einem schließlich alles peinlich. Damals wusste ich noch nicht, was diese Worte bedeuteten, und lief deshalb tiefrot an.

Als ich Walter von meiner Sackgasse in Curitiba erzähle, erinnert er sich an einen chinesischen Freund, der des Öfteren in dieser südbrasilianischen Stadt zu tun hatte. Und jedes Mal war er in einem Hotel abgestiegen, das von vielen Chinesen frequentiert wurde. Deshalb sei es sehr wahrscheinlich, dass es unter dem Personal ebenfalls Chinesen gebe.

»Wart mal, ich kann mich ja mal erkundigen«, sagt er am Telefon. Wenige Minuten später hat er den Namen der Unterkunft herausgefunden und ruft mich zurück: »Du, das Hotel heißt ›Rayon‹.«

Als ich das höre, muss ich schmunzeln. Ich kenne den Namen des Hotels bereits, denn als ich von Andrew Ting erfuhr, dass sein Bruder, mein leiblicher Vater, wahrscheinlich in Curitiba lebt, habe ich noch am selben Tag im Internet nach Hotels gegoogelt. Das Rayon ist ein zentral gelegener Hochhausturm für Geschäftsleute.

Kapitel XIV

Natürlich kennen sich nicht alle Chinesen auf der ganzen Welt untereinander. Aber Walter hat mich nicht ohne Grund auf das bei Chinesen beliebte Hotel Rayon aufmerksam gemacht. Er geht wie ich davon aus, dass die Zahl der chinesischen Einwohner in Curitiba übersichtlich ist. Auf jeden Fall übersichtlicher als die der Deutschen. Schätzungen zufolge haben in Brasilien rund zehn Prozent der 198 Millionen Einwohner deutsche Wurzeln. Die 1,7-Millionen-Metropole im Süden des Landes zählt zu den Hochburgen der Deutschbrasilianer. Zum Zeitpunkt meiner Elternsuche lebten jedoch schätzungsweise nur rund 500 chinesische Familien in Curitiba. Wenn Ting Kai-shou also wirklich hier wohnt, würde vermutlich jemand in der chinesischen Gemeinde ihm schon einmal begegnet sein.

Ich muss nun also nur einen ansässigen Chinesen finden, der mir sagen kann, ob es eine chinesische Gesellschaft oder dergleichen in Curitiba gibt. Denn üblicherweise organisieren sich Auslandschinesen in Verbänden oder Gesellschaften, oft nach den Regionen Chinas unterteilt. Auf diese Weise können sich die Chinesen seit Jahrhunderten auf ein vertrauenswürdiges Netzwerk im Exil stützen und zugleich ihre Sitten und kulturellen Traditionen weit weg von zu Hause pflegen.

Aber wie finde ich in einer Millionenstadt, in der ich noch nie war und auch niemanden kenne, einen einheimischen Chinesen, der mir weiterhelfen könnte? Ich sehe wie Walter nur eine Chance, so eine Person zu finden: über das Hotel Rayon. Denn wie er setze ich voraus, dass es unter den Mitarbeitern des Hauses zumindest einen Angestellten gibt, der Chinesisch spricht; schließlich beherbergt das Hotel nach Walters Auskunft viele Chinesen.

Wegen des Zeitunterschieds rufe ich erst abends im Hotel Rayon an und verlange nach dem General Manager. Der ist leider nicht erreichbar. Stattdessen bietet mir die Telefonzentrale Mister Paulo an, der spreche gut Englisch. Herr Paulo bestätigt, dass im Rayon in der Tat sehr viele Chinesen – vorzugsweise aus Hongkong – wohnen. Aus diesem Grund seien auch einige Chinesen als Mitarbeiter eingestellt.

»Am besten kann Ihnen Paul Yang von der Rezeption weiterhelfen. Aber der ist erst wieder am 16. Januar da.«

Nein! Das würde fast zwei Wochen Warten bedeuten! Um meinem Anliegen Nachdruck zu verleihen, rücke ich mit meiner Geschichte heraus.

»Mister Paulo, warten Sie bitte eine Minute. Ich muss Ihnen jetzt etwas erzählen, das wahr ist, aber ziemlich unglaublich klingt. Bitte haben Sie etwas Geduld. Also, äh, also, ich suche nach meinen leiblichen Eltern. Ich bin von Deutschen adoptiert und lebe in Deutschland, aber meine biologischen Eltern sind Chinesen. Und, so habe ich erfahren, sie leben in Brasilien, sehr wahrscheinlich in Curitiba ...« Ich muss innehalten und langsam durchatmen, das Atmen hatte ich vor Aufregung ganz vergessen. »Ich muss also nur einen Chinesen in Curitiba finden, der meinen Vater oder meine Mutter kennt und weiß, wo sie wohnen, um sie zu kontaktieren. Bitte glauben Sie mir, das ist die Wahrheit«, flehe ich diesen mir unbekannten Hotelmanager an. Es kostet mich jedes Mal viel Kraft, meine Geschichte zu erzählen. Auch nach all den Jahren habe ich mich nicht daran gewöhnt. Mein Schicksal fremden Menschen mitzuteilen, fühlt sich nackt und intim an.

Meine Adoptionsgeschichte lässt Mister Paulo nicht unberührt. Er hat mich während meines Monologs kein einziges Mal unterbrochen, und jetzt verspricht er mir, bis zum nächsten Abend die Nummer der Chinese Association von Curitiba herauszufinden.

Wie verabredet, rufe ich einen Tag später wieder an. Paulo ist sofort am Apparat und gibt mir die Nummer der Chinesischen Gesellschaft durch, als sei es das Selbstverständlichste auf der Welt, einer fremden Frau auf der anderen Hälfte der Erdkugel zu helfen, die behauptet, ihre Eltern zu suchen. »Rufen Sie Herrn Pan an«, sagt er und legt auf.

Herr Pan ist der Vorsitzende der Chinese Association in Curitiba und nicht leicht zu erreichen. Beim ersten Mal ist es Dienstag, und ich erwische seinen Sohn, der kein Englisch, sondern nur Portugiesisch und leidlich Mandarin spricht und mich informiert, dass Papa auf einem Kurztrip und erst morgen wieder im Büro sei. Am Mittwoch also versuche ich es erneut. Aber Herr Pan hat spontan noch einen Tag an seine Geschäftsreise angehängt.

»Kennen Sie einen Mann mit dem Namen Ting Kai-shou?«, frage ich Herrn Pan, als er schließlich wieder zu Hause ist, und schiebe sofort nach: »Jeremy Ting?« Ich muss den Namen noch einmal etwas lauter wiederholen, bevor Pan ohne zu zögern meine Frage mit einem »Ja« beantwortet.

»Herr Pan, kennen Sie auch die Frau von Jeremy Ting?«, hake ich nach.

»Nein, die habe ich nie kennengelernt. Aber einmal, da habe ich sie ganz kurz von Weitem gesehen. Ich weiß aber nicht, wo sie heute lebt.«

Jetzt muss ich erst einmal tief Luft holen. Vielleicht ist das ja tatsächlich das Ende meiner Suche. Ich muss nur noch ein letztes Mal einen fremden Menschen dazu überreden, mir einen Gefallen zu tun. Ich denke kurz nach, wie ich darauf reagieren würde, wenn eine völlig unbekannte Person mich eines Tages anrufen würde. Wie würde ich mich verhalten, wenn eines Abends beim Kochen oder Fernsehen das Telefon klingelte und jemand in gebrochenem Deutsch, Englisch oder Chinesisch mir eine ziemlich verrückte Geschichte erzählen würde, um mich zum Schluss dringend um Hilfe zu bitten? Würde ich ohne Fragen zu stellen einfach tun, um was man mich bitten würde? So wie die Sekretärinnen bei Kader International in Hongkong, die mir den Weg zu Andrew Ting bahnten, oder so wie Mister Paulo und nun Herr Pan in Curitiba, die einfach bereit sind, mir zuzuhören und dann zu handeln? Es kostet sie alle nicht viel Zeit und Mühe – hier eine Information, dort ein Anruf. Aber diese Fremden sind mir nicht verpflichtet. Es gibt keinen Grund, mir zu trauen. Doch ich weiß nach jedem Telefonat: Ich kann mich auf die Hilfe dieser Personen verlassen.

Nun soll Herr Pan meinen potenziellen Vater Ting Kaishou kontaktieren und fragen, ob er mir seine Telefonnummer geben dürfe. Allerdings habe ich mich diesmal entschlossen, Herrn Pan nicht meine Adoptionsgeschichte zu erzählen. Ich möchte verhindern, dass Ting Kai-shou von vorneherein ablehnt, mit mir zu sprechen. Also erfinde ich die Notlüge, dass ein ehemaliger Kommilitone aus München nach ihm suche.

»Wissen Sie, Herr Pan, ein ehemaliger Bekannter, der mit Jeremy Ting in München studiert hat, kommt demnächst beruflich nach Brasilien«, schwindle ich. »Er würde nach all diesen Jahren so gern seinen alten Kumpel wieder treffen.«

Herr Pan hinterfragt meine fadenscheinige Erklärung nicht. Stattdessen bittet er mich: »Rufen Sie mich heute um Mitternacht noch einmal an.«

Das bedeutet für mich, dass ich wegen der Zeitverschiebung den Wecker erneut auf drei Uhr morgens stellen muss – so wie bei meinem ersten Telefonat mit Andrew Ting in Hongkong. Drei Uhr morgens ist wohl meine Schicksalszeit. Als ich mich schlafen lege, bin ich mir fast sicher, dass ich Ting Kai-shou gefunden habe. Meine große Angst ist allerdings, dass er mit mir keinen Kontakt aufnehmen will. Er ist dazu schließlich nicht verpflichtet. Niemand kann ihn zwingen. Aber was mache ich, wenn mein potenzieller Vater mich nicht sehen will? Werde ich ihm vor seinem Haus auflauern müssen, um ihn zu einem Gespräch zu zwingen?

Zum Glück ist meine Furcht unbegründet. Wie verabredet rufe ich in aller Herrgottsfrühe Herrn Pan an. Der fremde Chinese scheint schon auf mein Telefonat gewartet zu haben, denn er nimmt bereits nach dem ersten Läuten den Hörer ab und gibt mir eine Telefonnummer durch. Dann wünscht er mir alles Gute und empfiehlt: »Rufen Sie Herrn Ting sofort an, er ist noch wach.«

Mein Wecker zeigt 3:12 Uhr morgens an, und mit dem nächsten Telefonanruf kann sich alles entscheiden. Ich muss den richtigen Ton finden, um einem völlig unbekannten Mann zu sagen, dass ich sein Kind bin. Wie macht man das? Ich muss ihn dazu bekommen, nicht sofort aufzulegen, sondern mir zuzuhören. Langsam wähle ich die Nummer, zuerst 0055, die Vorwahl für Brasilien, dann 41 für Curitiba und schließlich 352 …

Eine schwache Altmännerstimme meldet sich am Telefon.

»Sind Sie Ting Kai-shou?«, frage ich.

»Ja, der bin ich«, bejaht Ting. Wir beginnen eine Konversation in einem ständig wechselnden Kauderwelsch aus Englisch, Chinesisch und ein bisschen Deutsch. Jeremy Tings Art zu reden fehlt – im Gegensatz zu der seines Bruders Andrew in Hongkong – jegliche Selbstsicherheit und Resolutheit. Hier spricht kein viel beschäftigter Vorstand eines größeren Unternehmens, sondern ein alter Herr, den ich vor mir über die Gänge schlurfen sehe. Ting Kai-shou ahnt offensichtlich überhaupt nichts. Er weiß noch nicht, dass er in den nächsten Minuten einem unrühmlichen Kapitel aus seiner Vergangenheit wiederbegegnen wird, und zwar in einer Art und Weise, wie er sich das vermutlich nie vorgestellt hat. Ich will ihn nicht schockieren, deswegen nähere ich mich meinem Thema vorsichtig.

»Hat ihr Bruder Andrew vor Kurzem Kontakt mit Ihnen aufgenommen?«

»No.«

»Haben Sie 1957 in München Architektur studiert?«

»Yes, aber ich habe schon 1956 damit begonnen«, präzisiert mein potenzieller Vater.

»Heißt Ihre Frau Liu Mei-fen?«

Es folgt ein langes Schweigen. »Was wollen Sie von mir?«, fragt Ting schließlich höchst misstrauisch zurück.

Immer in der Angst, dass er den Hörer auf die Gabel knallen und unsere nächtliche Konversation damit abbrechen könnte, erzähle ich Jeremy Ting meine Geschichte. Und ich sage ihm, dass ich vermute, dass er mein Vater sein könnte, und ich sicher bin, dass seine Ehefrau meine Mutter ist.

Ting hört zu und atmet schwer, dann schweigt er wieder lange, bevor er feststellt: »Das ist das Problem.«

»Wie bitte, was ist das Problem? Ich?« Eigentlich wollte ich Ting nicht unterbrechen, aber jetzt verstehe ich nicht, was er meint.

»Sie waren das Problem. Sie waren nicht mein Kind, und Sie waren ein Mädchen«, wiederholt nun Ting. Er klingt auf einmal furchtbar verbittert, und ich beginne, die damalige Lage langsam zu begreifen.

»Herr Ting«, fasse ich zusammen, »verstehe ich Sie richtig? Ich bin offensichtlich nicht Ihre Tochter, aber das Kind Ihrer Ehefrau? Bin ich denn das Ergebnis eines Seitensprungs, den einer von Ihnen oder Sie beide vertuschen wollten?«

Der Moment der Wahrheit erschreckt mich seltsamerweise überhaupt nicht. Vielmehr nimmt er in der Person von Ting Kai-shou erstmals Gestalt an. Das Jagdfieber packt mich, und am liebsten würde ich mein Gegenüber mit Fragen bombardieren. Zum ersten Mal nach dieser langwierigen Elternsuche habe ich mit einer Person Kontakt, die mehr über meinen Ursprung weiß. Die auf jeden Fall meine Mutter kennt. Auch wenn Ting Kai-shou Jeremy nach eigener Aussage nicht mein Vater ist, setze ich auf ihn, um die ganz genauen Umstände zu erfahren. Ting muss mir sagen, was damals geschah. Und vielleicht habe ich Glück, und er kann mir sogar verraten, wer als mein leiblicher Vater infrage kommt.

Das Telefonat mit Ting dauert fast eine Stunde. Aber am Telefon will er mir nicht sagen, was damals passierte. Und ich bekomme langsam das Gefühl, dass dieser alte Mann weit weg in Brasilien sein ganzes Leben lang darauf gewartet hat, dass ihn eines Tages jemand anruft und nach der tiefsten Schmach seines Lebens fragt. Er verlangt von mir, dass ich sofort nach Curitiba fliege, um ihn anzuhören. Ich müsse lediglich in São

Paulo das Flugzeug wechseln. Er wohne nur 20 Kilometer vom Flughafen in Curitiba entfernt.

»Sie können in meinem Haus wohnen, ich habe drei Schlafzimmer.«

In diesem Moment möchte ich jedoch nicht über Übernachtungsangebote in Curitiba verhandeln. Ich unterbreche ihn und frage: »Warum haben Sie mich an ein Waisenhaus verschenkt?«

»Kommen Sie, es ist eine lange Geschichte.«

»Nein, erzählen Sie es mir bitte jetzt.«

»Kommen Sie zu mir«, befiehlt Ting beinahe, bevor er versöhnlicher sagt: »Ich bin sicher, dass Sie gut aussehen. Ihre Mutter war als junge Frau bildschön. Wenn ich Sie sehe, kann ich Ihnen vielleicht sagen, wer Ihr Vater ist.«

Dann legt er auf.

Kapitel XV

Zwei Tage später sitze ich im Flugzeug auf dem Weg zu meinem offensichtlichen Doch-nicht-Vater. Ich hoffe auf eine Erklärung, warum ich einfach weggegeben wurde, und auf einen konkreten Hinweis auf den Verbleib meiner Mutter. Davor habe ich noch bei meiner Adoptivmutter Familienfotos eingesammelt – wer weiß, vielleicht wollen meine leiblichen Eltern sehen, wer meine Adoptiveltern sind. Ich komme mir dabei vor wie eine Hochverräterin.

Ich suche nun schon über ein Jahr nach meinen leiblichen Eltern, und meine »echte« Mutter ahnt nichts davon. Wir leben im selben Haus in verschiedenen Wohnungen. Briefe landen alle in demselben Briefkasten, und dann verteilt sie, wer immer Zeit hat. Hat sie sich schon gefragt, was auf einmal all diese amtlich aussehenden Schreiben an mich bedeuten?

Aber solange ich nicht weiß, ob meine Suche erfolgreich sein wird, möchte ich ihr nichts von alldem erzählen. Es würde mich zu sehr unter Druck setzen. Ich möchte nicht dauernd nach dem Stand meiner Suche gefragt werden. Zugleich habe ich Angst, Mami könnte das Gefühl bekommen, als Mutter nicht genügt zu haben. Dennoch, jede Frage meiner Mutter, wie es mir denn gehe und wie mein Tag gewesen sei, vergrößert mein schlechtes Gewissen. Ich bin – objektiv betrachtet – eine Lügnerin.

Jetzt, wo ich von einem auf den anderen Tag nach Curitiba fliege, lüge ich erneut. Weil ich Reisejournalistin bin, ist es eine sehr glaubwürdige Notlüge.

»Du, ich bin kurzfristig auf eine Pressereise nach Brasilien eingeladen worden«, erkläre ich meiner Mutter, als ich meinen Koffer zum Auto schleppe. Sie kennt das. Wenn ich unerwartet Einladungen zu attraktiven Reisezielen erhalte und die Arbeit es erlaubt, lasse ich manchmal spontan alles liegen und stehen und verreise.

Sie schöpft kein Misstrauen. »Schöne Reise. Bis nächste Woche, meine Liebe«, wünscht sie mir noch.

In der Firma habe ich wegen eines »familiären Notfalls« eine Woche Urlaub genommen und ernte fragende Blicke. Meine Kollegen bekommen mit, dass ich Flugtickets nach Buenos Aires und Curitiba buche und ständig meine Freundin Sarah aus Argentinien anruft. Ein Todes- oder Krankheitsfall ist es offensichtlich nicht. Familiärer »Notfall«?

Doch ich kann und will es niemandem erklären: Hey, ich bin auf dem Weg nach Brasilien, um einen alten, gebrechlichen Unbekannten zu treffen, der allem Anschein nach nun doch nicht mein Erzeuger ist, der mir aber meinen ersten Nachnamen Ting gegeben hat und sehr wahrscheinlich sagen kann, wo meine leibliche Mutter steckt. Die meisten wissen ja noch nicht einmal, dass ich adoptiert wurde. Mit dieser Information bin ich mein ganzes Leben lang sehr vorsichtig umgegangen, und nur enge Freunde wissen, dass ich ein Adoptivkind bin. Und auch über meine Elternsuche weiß nur ein verschwiegener Kreis von Vertrauten Bescheid.

Wenn fremde Personen fragen, woher meine Eltern stammen, dann wähle ich je nach Befindlichkeit entweder die kurze oder lange Antwort. Sage ich »Shanghai«, stillt das die Neugier der meisten. Kommen noch fragende Blicke hinterher, schiebe ich nach, dass ich in der Bundesrepublik geboren sei. Weitere

Nachfragen gibt es in so einem Fall meist nicht mehr. Will ich allerdings Mitgefühl und Betroffenheit erzeugen, dann erweitere ich meine Erklärung, indem ich bekenne, dass ich von Deutschen adoptiert wurde.

Aber wer hat bei einer oberflächlichen Konversation, wie man sie auf Einladungen oder Empfängen führt, schon Lust auf die Gefühle von Menschen, die man vorher noch nie gesehen hat? Ich meistens nicht. Auch als längst Erwachsene empfinde ich das Adoptiertsein immer noch als Stigma. Herkunft sollte keine Rolle spielen. Zudem: Wer will weitere lästige Fragen beantworten müssen? Es ist, als würde man weiter in meiner offenen Wunde bohren.

Ich bin nun ganz nah an der Lösung meines Lebensrätsels. Auf dem langen Flug habe ich genug Zeit, meine Gedanken zu sortieren. Die letzten Wochen waren spannend. Plötzlich hatte nicht mehr ich das Zepter bei der Recherche in der Hand. Stattdessen prasselten die Informationen wildfremder, hilfsbereiter Menschen auf mich ein, und ich musste nur noch darauf reagieren. Deswegen also sitze ich jetzt im Flieger. Eine große Ruhe überkommt mich. Was immer von nun an auch passiert, ich werde es nicht aufhalten können.

Meine Freundin Sarah holt mich in Buenos Aires ab. Es ist fast Mitte Januar – Sommer auf der anderen Seite der Erde. Zusammen fliegen wir nach Curitiba zu Jeremy Ting und wo immer sonst noch hin – je nachdem, wo sich meine Mutter befinden sollte. Sarah spricht neben Englisch und Portugiesisch auch noch Spanisch und Chinesisch. Also, in einer dieser Sprachen müsste es uns gelingen, mit meiner potenziellen Verwandtschaft zu kommunizieren. Ich bin ihr dankbar, dass sie mit mir kommt. Nicht nur wegen ihrer Sprachfähigkeiten, sondern weil sie ein großes Herz besitzt und keine Sekunde gezögert hat, als ich sie fragte:

»Sag ehrlich, Sarah, hättest du ein Problem, mit mir zusammen Jeremy Ting in Curitiba zu besuchen?«

»Überhaupt nicht, ich komme mit. Ich kann dich doch nicht alleinlassen. Wann geht's los?«

Nach den Telefonaten mit Andrew und Jeremy Ting in Hongkong und in Brasilien gewinnen in meiner Erinnerung plötzlich einzelne Gesprächsfetzen an Bedeutung, die ich vorher ignoriert hatte. Andrew Ting wollte mein Geburtsdatum wissen und stellte dann fest, dass sein Bruder nicht mein Vater sein könne. Ich habe seiner Aussage keine Beachtung geschenkt, denn als ich mit Andrew sprach, wusste ich ja noch nicht, was wirklich passiert war. Vielmehr klammerte ich mich an meine Geburtsurkunde, in der Ting Kai-shou Jeremy und Liu Meifen Maria als meine leiblichen Eltern eingetragen waren. Deswegen wies ich ihn darauf hin, dass ich Anfang Juni 1958 geboren sei, er seinen Bruder aber erst Ende Juni besucht habe. Zu dem Zeitpunkt war ich längst im Waisenhaus, und deshalb gab es im Haushalt Ting keine Spuren eines Säuglings. »Fragen Sie Ihre Mutter«, hatte er mir barsch geantwortet, als ich nicht verstand, warum ihm mit meinem Anruf aus dem Blauen »vieles klar« wurde. In einem Brief wies er mich nochmals darauf hin, dass nicht erwiesen sei, ob ich die Tochter seines Bruders bin:

Sie behaupten, dass Sie die Tochter meines Bruders Kai-shou sind. Ich habe keine Möglichkeit, die Richtigkeit Ihrer Angabe zu prüfen. Warum Sie nach Ihrer Geburt ins Waisenhaus kamen, weiß ich ebenfalls nicht. Niemand hat mir jemals von Ihrer Existenz erzählt.

Erst jetzt, nachdem Jeremy Ting seine Vaterschaft verneint hat, begreife ich, was Bruder Andrew in seinem Brief wirklich meinte. Ich war bisher viel zu sehr auf meine Geburtsurkunde fixiert. Ting ist zwar amtlich als mein Vater eingetragen, aber er ist nicht wirklich mein Erzeuger. Ich bin tatsächlich das Ergebnis eines Seitensprungs, das zweifellos eine so große Schande über die Familie gebracht hätte, dass ich aus diesem Grund gar nicht existieren durfte. Deswegen also die schnelle Abgabe an das Säuglingsheim in der Paosostraße 8 in München. Klingt ganz nach einem Familiendrama in den prüden und verklemmten 1960er-Jahren.

Seltsamerweise löst diese Information bei mir keinen emotionalen Tumult aus. Am liebsten würde ich heute noch verdrängen, dass ich adoptiert wurde. Die Vermutung, dass ich wegen eines Fehltritts meiner leiblichen Mutter verschwinden musste, nehme ich dagegen zur Kenntnis, als sei dies das Normalste von der Welt. Wenigstens haben sie mich nicht umgebracht, denke ich und habe ein Gefühl, als würde es sich hier gar nicht um mich und mein Schicksal handeln, sondern um das einer fremden Person. In meiner Adoptionsfamilie war man weder besonders schamhaft noch hat man außereheliche Beziehungen übermäßig dramatisiert. Meine Eltern und die Freunde meiner Eltern – die leidgeprüfte, aber auch abgehärtete Kriegsgeneration – blieben meist verheiratet, auch wenn bekannt wurde, dass der Partner es mit der ehelichen Treue nicht so ernst nahm. Und für etwaige Kinder wurden diskret die Alimente bezahlt. Vielleicht tuschelten die Bekannten ein wenig, und ganz sicherlich litten die Betroffenen. Aber alles geschah hinter vorgehaltener Hand, und nach außen blieb die Fassade heil. Man gab seine unehelichen Bälger in der Regel nicht zur Adoption frei.

So staune ich eher über die Tatsache, dass ein uneheliches

Kind, vor allem wenn es ein Mädchen ist, offenbar eine chinesische Ehe so belasten kann, dass man es endgültig weggibt. Und das auch noch im Ausland, wo doch Chinesen im Allgemeinen ziemlich chauvinistisch denken. Das heißt, sie nehmen automatisch an, dass ein chinesisches Kind bei chinesischen Eltern besser aufwächst als bei den »Langnasen« – auch wenn das nicht stimmt. Schande und verlorene Ehre sind in meiner Adoptivfamilie keine Wertmaßstäbe.

Ausgerechnet Brasilien! Mit diesem Land verbindet mich nichts. Und Curitiba interessiert mich ehrlich gesagt nicht wirklich. Ich weiß gerade noch, dass in dieser Gegend viele Einwohner Krüger, Mueller und Meier heißen. Dass hier bereits seit den 1970er-Jahren ein kreativer Bürgermeister und Architekt – Jaime Lerner – seine Vision einer nachhaltigen Stadt sehr erfolgreich umgesetzt hat, lese ich erst hinterher. Lerner hat, als die ganze Welt autofreundliche Städte entwarf, das Gegenteil gemacht und auf ein preiswert zu unterhaltendes Bussystem gesetzt. Als ich Jeremy Ting besuche, hat Curitiba eines der effizientesten öffentlichen Verkehrssysteme der Welt, die erste Fußgängerzone Brasiliens und zahlreiche miteinander verbundene Parks. In Sachen Lebensqualität ist Curitiba deshalb alljährlich im internationalen Vergleich immer ein Platz unter den zehn Top-Citys sicher. Doch von alledem bekomme ich nicht viel mit. Für Curitibas Attraktionen habe ich bei meinem Besuch kein Auge.

Sarah und ich checken am Abend im Hotel Rayon ein. Mister Paulo, der für meinen Durchbruch in Sachen Elternsuche sorgte, hat uns ein Zimmer reserviert. Leider hat er keinen Dienst, als wir in der Stadt sind. Ich werde ihn also nie persönlich treffen und Danke schön sagen können.

Von unserem Zimmer aus rufe ich sofort Jeremy Ting an, um ein Treffen zu vereinbaren. Um ganz sicherzugehen, dass ich auch zum Termin erscheine, verspricht mir Ting die aktuelle Telefonnummer meiner Mutter. Sozusagen als Belohnung, als Karotte.

»Ich habe die Nummer Ihrer Mutter herausbekommen«, sagt er triumphierend.

»Wie, ich dachte, Sie hätten keinen Kontakt mehr zu Ihrer Frau?« Ich bin überrascht, denn in unserem letzten Telefonat hatte er erzählt, dass er seit Jahren nicht mehr mit Liu Mei-fen gesprochen habe.

»Habe ich auch nicht. Aber ich habe meine Kinder gefragt und dann bei ihr angerufen«, antwortet Ting. »Ihre Mutter lebt in Porto Alegre.«

Porto Alegre – das liegt rund 550 Kilometer südlich von Curitiba entfernt, ganz in der Nähe von Uruguay. Ting und ich verabreden uns für den nächsten Morgen um zehn Uhr. Kaum habe ich aufgelegt, nimmt Sarah den Hörer wieder ab, ruft die Rezeption an und erkundigt sich nach Flügen nach Porto Alegre.

Am nächsten Tag nieselt es. Curitiba präsentiert sich grau. Wir fahren rund eine halbe Stunde vom Hotel im Stadtzentrum Richtung Norden die große Avenida Anita Garibaldi entlang bis zur Nummer 1450. In dieser Höhe der Straße reihen sich Wohnhäuser aneinander und Geschäfte, die sie versorgen: Bäckereien, Wäschereien und andere Serviceunternehmen. Als wir pünktlich aus dem Taxi steigen, nieselt es noch immer.

Jeremy Ting geht vor seinem Haus, einem flachen Ziegelbau mit hoher Mauer und großem Gittertor, auf und ab. Er raucht ungeduldig. Ein alter Herr mit einem auffallend ausgeprägten Kinn, das sich nach vorn schiebt, und dicken Brillengläsern. Als er uns sieht, wirft er seine Zigarette auf den Boden, um sie auszutreten, begrüßt uns und führt uns in seinen langgezogenen Bungalow.

Das Haus ist dunkel und verströmt eine triste Leere. Niemand außer Ting wohnt hier. Alles wirkt sauber, aber ein wenig heruntergekommen. Gehäkelte Spitzendecken schützen die Arm- und Rückenlehnen der Sofas und Sessel.

Mein Doch-nicht-Vater hält sich nicht lange mit Höflichkeiten und überflüssiger Konversation auf. Er fragt uns weder, wie die Reise war, noch, wie es uns geht. Stattdessen setzt er sich, zündet sich eine Zigarette an und beginnt zu erzählen.

In den folgenden Stunden redet nur Jeremy Ting. Er ist sichtbar krank und einsam. Er spricht gut Englisch, aber langsam. Dazwischen legt er lange Pausen ein, als ob er rekapitulieren müsste, was er gerade gesagt hat. Sarah und ich sind Zeugen seiner Lebensbeichte. Wir fühlen uns wie bei einer altmodischen Kinovorführung, in der der Film ständig reißt. Pause. Der Film wird wieder eingelegt, und der Zuschauer muss sich erneut an den ersten wackelnden Bildern orientieren, um den Faden der Handlung wieder aufzunehmen.

Jeremy Tings erste Sätze lauten: »Ihre Mutter war so dumm. Sie hat mich betrogen. Warum hat sie mir nicht die Wahrheit gesagt? Wir hätten das Problem lösen können.«

Kapitel XVI

Die Familie meines Doch-nicht-Vaters Jeremy Ting stammt aus Wuxi in der Provinz Jiangsu. Die Stadt liegt rund 125 Kilometer nordwestlich von Shanghai. Bekannt ist sie vor allem wegen des riesigen Tai-Sees, der viermal die Größe des Bodensees hat und Platz drei unter den größten Binnengewässern des Landes einnimmt. Dichter schwärmten einst von der Schönheit des Sees, der berühmt für seine bizarren Kalksteinformationen ist. Jährlich strömen Millionen Touristen hierher, und hohe kommunistische Kader können sich in exklusiven Gästehäusern direkt am Ufer erholen. Doch die landschaftliche Idylle trügt, Schwimmen im See ist nicht zu empfehlen. Seit vielen Jahren ist er wegen der hineingeleiteten Industrieabwässer umgekippt.

»Mein Vater kommt aus einer angesehenen Familie. Er hat es zu großem Reichtum gebracht«, betont Jeremy Ting. Zunächst jedoch handelte es sich bei den Tings um eine ehrbare, aber verarmte Beamtenfamilie. Ting Xiong-zhao, der Vater meines Doch-nicht-Vaters Jeremy, wurde 1903 geboren. Erst mit neun Jahren lernte er das Lesen und Schreiben. Davor war die Familie zu arm, um sich das Schulgeld leisten zu können. Der Tod des Vaters, da war Xiong-zhao erst 14, brachte die Familie an den Rand des Ruins. Das Blatt wendete sich erst, als die Mutter den Jungen ein Jahr später nach Shanghai schickte, damit er dort eine Lehre in einem Seidenladen begann.

Ting Xiong-zhao legte von da an eine klassische Vom-Tellerwäscher-bis-zum-Millionär-Karriere hin. Und das in äußerst unruhigen Zeiten: Seit Chinas Kaiser Puyi 1911 abgedankt hatte, kämpfte die junge Republik ums Überleben. Mächtige Warlords zerrten an der Einheit des Reiches. Ab den 1920er-Jahren lieferten sich Nationalisten und Kommunisten in mehreren Phasen einen blutigen Bürgerkrieg. Im Hintergrund rangen die Sowjetunion unter Stalin sowie die USA um Einfluss bei beiden Parteien. Zugleich waren die Japaner auf dem Sprung, große Teile von China zu besetzen.

Zu Wohlstand gelangte Ting Xiong-zhao, als er 1925 mit acht Arbeitern[4] seine erste Fabrik gründete – die Wei Ming Flashlight & Battery Works. Nach der Kapitulation Japans 1945 gründete Ting Xiong-zhao in Hongkong seine erste Plastikfabrik: Kader Industrial Co. Ltd.

Als er sich im Frühjahr 1949 wegen des neuen Unternehmens in der Kronkolonie aufhielt, zwangen ihn die Ereignisse zu einer dramatischen Änderung seiner Lebensplanung. Ursprünglich hatte er gedacht, mit gelegentlichen Stippvisiten und fähigen Managern vor Ort seine neue Firma Kader Industrial von Shanghai aus lenken zu können. Doch am 27. Mai 1949 marschierte Mao Tse-tung mit der Roten Armee in Shanghai ein und übernahm die Macht. Ting kehrte daraufhin nicht mehr nach China zurück, sondern blieb in der Kronkolonie und baute dort ein Konglomerat von Firmen und Fabriken auf.

Als Sohn eines Unternehmensgründers wie Ting Xiong-zhao aufzuwachsen, muss schwierig gewesen sein. Der Reichtum und das privilegierte Leben konnten die eigenen Minderwertigkeitsgefühle angesichts der erdrückenden Präsenz des Vaters nicht aufwiegen. Der Vater bestimmte alles, wusste alles und ließ keinen Widerspruch zu. Und Jeremy Ting, mein

Doch-nicht-Vater, hatte allen Grund, sich seinem Erzeuger nicht ebenbürtig zu fühlen. Er konnte ihm in Sachen unternehmerischer Elan und geschäftliche Cleverness nicht das Wasser reichen. Sein ganzes Leben lang versuchte er vergeblich, den Übervater von seinen Fähigkeiten zu überzeugen.

Mitten in seiner Erzählung steht Jeremy Ting auf, läuft den dunklen Gang seines Hauses in Curitiba hinunter und beginnt in einer Schublade etwas zu suchen. Mit einer Kiste voller Familienfotos kehrt er zurück.

Auf einem Foto fällt mir eine ältere Dame auf. Sie sticht durch ihre Präsenz und Selbstsicherheit im Blick hervor. Ihre Gesichtszüge sind hart geschnitten, aber man ahnt, dass sie einmal sehr gut ausgesehen haben muss. Wer ist das? Die Mutter von Jeremy Ting?

Für einen Bruchteil von Sekunden zögert Ting. Er scheint zu überlegen, was er antworten soll. Schließlich sagt er:

»Das ist die Konkubine meines Vaters.«

»Wie bitte? Die Konkubine Ihres Vaters?«, wiederhole ich ungläubig und sehe Sarah vielsagend in die Augen. Gerade eben haben wir erfahren, wie ein völlig mittelloser Junge aus Wuxi mit großem Geschick und noch größerer Ausdauer eine Fabrik nach der anderen gründet, während China brennt und blutet. Und jetzt kommt noch ein Familiendrama hinzu. Denn Konkubinen, das kann jeder in unzähligen chinesischen Romanen und Autobiografien nachlesen, bedeuten für einen Clan meist nichts anderes als Zwist und Eifersucht.

Im alten China hatten Nebenfrauen oder Konkubinen von jeher die Pflicht, so viele männliche Nachfolger wie möglich auf die Welt zu bringen. Der chinesische Kaiser hielt sich zu diesem Zwecke Hundertschaften von Konkubinen, die miteinander konkurrierten. Eine der berühmtesten kaiserlichen Konkubinen in der Geschichte war die letzte Kaiserin von China – Ci Xi, die bis zu ihrem Tod 1908 das Schicksal des Reiches der Mitte bestimmte. Möglich war dieser erstaunliche Aufstieg nur dadurch geworden, weil sie den einzigen Sohn des Kaisers geboren hatte.

Konkubinen waren aber auch Statussymbole und Gespielinnen. Nur wohlhabende Männer konnten sich mehrere Frauen leisten. Während die Position der ersten Frau oder Hauptfrau rechtlich abgesichert war, waren Nebenfrauen ihren Gönnern ausgeliefert. Man konnte sie nach Belieben kaufen, verkaufen oder verstoßen. Sie waren nicht erbberechtigt und stammten oft aus verarmten Beamten- und Adelsfamilien. Starb der Ehemann, hatte die erste Ehefrau das Recht, über die Nebenfrauen zu verfügen. Erst nach der Gründung der Volkrepublik China 1949 wurde das Konkubinat offiziell abgeschafft.

Im Falle der Familie Ting war es allerdings die Nebenfrau und nicht die Hauptfrau, die den Ton angab.

Kapitel XVII

Die offizielle Ehefrau von Unternehmer Ting gebar fünf Söhne. Jeremy Ting war der älteste und deswegen der natürliche Erbe. Das Unglück für Jeremy begann jedoch, als sich der Vater eine Zweitfrau nahm, die auch nach Jahren keine Kinder, geschweige denn Söhne, auf die Welt brachte. Da traf Ting Xiong-zhao eine folgenreiche Entscheidung: Er verschenkte die Söhne Nummer zwei und drei an seine heiß geliebte Konkubine. Das bedeutete, dass sie diese Kinder als ihre eigenen betrachten und sie großziehen durfte.

Im China von damals war das kein ungewöhnlicher Vorgang. Auflehnung vonseiten der Hauptfrau und Mutter gegen solch einen Beschluss war nicht zu erwarten. Und der allmächtige Ehemann und in Hongkong allgemein bekannte Fabrikant duldete schon lange keinen Widerspruch mehr. Zudem bedeutete der Entschluss von Ting Xiong-zhao nicht, dass die fünf Brüder in getrennten Häusern lebten. Alle wohnten weiter unter einem Dach, allerdings auf verschiedenen Etagen. Zu den Mahlzeiten und bei Familienfesten saß die gesamte Familie vereint am Tisch. So blieb zumindest nach außen hin die Eintracht gewahrt.

Doch hinter der scheinbar so harmonischen Fassade muss es gebrodelt haben. Denn Tings Konkubine versuchte mit großer Entschlossenheit, »ihre« Söhne in eine günstige Position für das große Erbe, das einmal zu erwarten war, zu schieben. Sie hatte es mit einer schwachen Gegnerin zu tun. Jeremy Tings

Mutter fehlten der Wille und die Kraft, sich gegen die mit harten Bandagen kämpfende Nebenfrau durchzusetzen.

Die Kinder wurden folglich zum Spielball dieses Familienzwists. Jeremy Ting und seine zwei jüngsten Brüder standen gegen die beiden Brüder, die von der Konkubine erzogen wurden. Das Ende dieser Geschichte ist einfach: Als der Vater 1976 stirbt, übernehmen die Söhne der Konkubine die Leitung der Firmen und werden zu den Haupterben des Vermögens.

Allerdings hätte Jeremy Ting, mein Doch-nicht-Vater, eine Leitungsfunktion bei Kader Industrial Company Ltd. zugegebenermaßen nie angemessen ausfüllen können. Er hatte nicht das Zeug dazu. Sein Vater muss das früh erkannt haben und hielt folglich nicht viel von ihm. Aus diesem Grund verweigerte er dem ältesten Sohn auch ein teures Studium in den Vereinigten Staaten.

»Er hat gesagt, dass ich ja noch nicht einmal fähig bin, anständig Englisch zu sprechen.« Ting ist anzumerken, dass er diese tiefe Kränkung auch nach all den Jahren noch nicht überwunden hat. Der gedemütigte Sohn entschloss sich deswegen, seinem Vater zu beweisen, dass er sehr wohl im Ausland studieren konnte, auch wenn er die Sprache noch nicht hundertprozentig beherrschte.

»Wie sind Sie denn ausgerechnet auf München als Studienort gekommen?«, frage ich. Wer es sich leisten konnte und ein Visum bekam, studierte schließlich in Amerika. Auch Großbritannien war beliebt, vor allem unter den Einwohnern von Hongkong, die damals noch zum britischen Empire gehörten. Die Bundesrepublik stand hingegen nicht auf der Liste der Sehnsuchtsorte der meisten Chinesen.

Ting blickt mich leicht irritiert an. Zwischenfragen stören

ihn in seinem Gedankenfluss. Aber er ignoriert meine Frage nicht, sondern geht darauf ein:

»Ich habe mich für Deutschland entschieden, weil ich überhaupt kein Deutsch sprach. Mein Vater sollte sehen, dass ich genauso gut wie meine Brüder in einer fremden Sprache studieren konnte. Außerdem war es damals nicht schwer, ein Studentenvisum für Deutschland zu bekommen, und billiger war es noch dazu. Schließlich haben die deutschen Hochschulen keine Studiengebühren verlangt.« Der zahlende Vater war mit Tings Wahl einverstanden. Ein Studium in Deutschland kostete ihn nur einen Bruchteil von dem, was er für die zwei Söhne, die er seiner Nebenfrau gegeben hatte, in den USA bezahlte. 1955 zog Jeremy Ting also nach München – und deshalb wurde ich hier geboren.

Zuerst studierte er fast zwei Jahre lang Deutsch. Ab dem Wintersemester 1956 begann er dann ein Architekturstudium an der Technischen Hochschule, der heutigen Technischen Universität.

»Erinnern Sie sich noch an den Namen Ihres Professors?«, möchte ich wissen, als Tings Redefluss unvermittelt stoppt, weil ihn zu viele Erinnerungen von seiner Erzählung abdriften lassen. Ich möchte ihn mit meiner Frage nur zu unserem Thema zurückholen. Wie aus der Pistole geschossen antwortet Jeremy Ting:

»Professor Döllgast.«

Als ich diesen Name höre, stockt mein Herz für einen kurzen Moment.

»Wie bitte, Döllgast?«, wiederhole ich ungläubig.

»Ja, Döllgast. Bei dem habe ich studiert. Kennen Sie ihn?« Ting sieht mir fragend in die Augen. Ich schüttle den Kopf, und mein Doch-nicht-Vater erzählt nichts ahnend weiter.

Aber ich kenne diesen Mann. Ich bin ihm oft begegnet, denn mein Adoptivvater hat nur wenige Jahre davor – Ende der 1940er-Jahre – bei ihm studiert und sein Diplom gemacht. Mein Papa verehrte diesen Mann, der immer eine Baskenmütze trug, Kettenraucher war und wunderbar zeichnen konnte. Aus seinen Klassen stammen einige der bekanntesten Nachkriegsarchitekten der Bundesrepublik. Er selbst war als Architekt der Alten Pinakothek in München, die er wiederaufbaute, einem größeren Publikum bekannt geworden.

Papa pflegte auch noch lange nach Abschluss seines Studiums ein freundschaftliches Verhältnis zu Professor Döllgast und besuchte ihn regelmäßig. Manchmal – meist am Samstag, wenn meine Mutter uns aus dem Haus haben wollte, um einzukaufen und zu putzen – nahm er mich mit. Dann saß ich auf dem großen Zeichentisch in dem kleinen Zimmer des Professors und durfte malen, während die beiden Männer sich austauschten.

Mir stockt das Herz auch deshalb, weil ich mich frage, ob der Professor je ahnte, dass es eine direkte Verbindung zwischen seinen ehemaligen Studenten Wolfgang Horny und Ting Kai-shou Jeremy gab. Wusste er, dass sich durch das Kind auf seinem Zeichentisch die Lebenskreise dieser beiden Männer berührten? Mein Papa muss seinem Lehrer doch erklärt haben, wie er plötzlich zu einem chinesischen Adoptivkind gekommen war. Hatte er je dem Professor gegenüber erwähnt, dass der vermutliche Vater von mir in München Architektur studiert hatte?

Das Hongkong, das Jeremy Ting Mitte der 1950er-Jahre für sein Studium in der Bundesrepublik verlassen hatte, gehörte zu den politisch spannendsten Plätzen der Welt. Denn ähnlich wie West-Berlin war es in der heißen Phase des Kalten Krieges eine geschützte Enklave und der wichtigste Horchposten für den Westen inmitten von Feindesland – der kommunistischen Volksrepublik China. Unter britischem Mandat tummelten sich auf der Halbinsel Kowloon sowie auf Hongkong Island deshalb die Geheimdienste aus Ost und West. Britische, amerikanische und taiwanesische Spione kooperierten eng miteinander, wenn es gegen Maos Reich der Mitte ging, und die Medien lieferten sich je nach Couleur ideologische Grabenkämpfe.

Ungefähr ein Jahr, bevor Jeremy Ting nach München ging, sah er meine Mutter am Chu Hai College of Higher Education zum ersten Mal. Die höhere Schule befand sich in dem Hongkonger Stadtviertel Mongkok auf der Halbinsel Kowloon. Viele Chinesen, die aus der Volksrepublik geflüchtet waren, schickten ihre Kinder auf diese Schule. Schließlich war das College selbst ein Opfer von Maos Machtergreifung. Als Chu Hai Universität war die Ausbildungsstätte erst 1947 in Kanton als Bollwerk konservativer Erziehung von einer Reihe namhafter Persönlichkeiten gegründet worden. Als Kanton dann 1949 von den Kommunisten erobert wurde, zog es die Universität vor, nach Hongkong umzusiedeln. Allerdings wurde die Institution in der Kronkolonie zum College heruntergestuft und durfte sich nicht mehr Universität nennen.

Das Chu Hai College hatte allen Grund, die neue Volksrepublik China zu verlassen. Wie nahe die Institution dem 1949 nach Taiwan geflohenen nationalistischen Machthaber Chiang Kai-shek stand, bewiesen die engen Beziehungen zu dessen neuer Regierung in Taipeh. Chu Hai wurde alljährlich von Taiwan mit hohen Zuwendungen subventioniert. Zugleich fungierte das College als Vermittlungsstelle für Austauschstudenten zwischen Hongkong und Taiwan. Ein Umstand, der sich indirekt und mit schwerwiegenden Folgen auf das Leben meiner leiblichen Mutter auswirken sollte.

Kapitel XVIII

Wie viel Uhr ist es? Wie lange sitzen Sarah und ich schon auf dem Sofa in Jeremy Tings dunklem Haus in Curitiba und hören ihm zu? Mit langsamer und monotoner Stimme redet sich der alte Herr sein Leben von der Seele. Als er von seiner schlechten Ehe mit meiner Mutter zu sprechen beginnt, denke ich, dass es an der Zeit ist, ihn zu unterbrechen.

»Aber sagen Sie mir bitte, warum sind Sie und Liu Mei-fen nach Brasilien ausgewandert?«, frage ich ihn.

Doch Ting ignoriert meine Frage; sie passt jetzt offenbar nicht in seine Erzählung. Statt zu antworten, zündet er sich eine neue Zigarette an, lehnt sich zurück und eröffnet ein neues Kapitel seiner Erzählung.

»Die Familie Ihrer Mutter kommt aus Ningbo. Kennen Sie die Stadt? Es ist eine alte Hafenstadt im Südosten von China.«

Ningbo liegt in der Küstenprovinz Zhejiang, 158 Kilometer Luftlinie südlich von Shanghai entfernt. Seit dem achten Jahrhundert prägte und prägt die Stadt der Hafen. Er ist immer noch einer der größten Chinas. Ningbo trieb bereits Handel mit der Welt, als Shanghai noch ein Fischerdorf war.

Ningbos lange Hafengeschichte schuf einen ganz besonderen Schlag von Menschen, der sich – im Gegensatz zu den bodenständigen chinesischen Bauern – vor allem durch Mobilität und Flexibilität auszeichnet. Bereits im Mittelalter konnte man Händler aus Ningbo in der ganzen damals bekannten Welt finden. Und überall, wo sie länger blieben, bauten sie

Standorte auf und organisierten sich in Zünften und Ningbo-Gesellschaften. Dadurch entstand ein internationales Netzwerk, das die Interessen der Landsleute vertrat und Schutz und Kontakte in der Fremde bot. Zugleich waren diese Ningbo-Vereinigungen sichere Orte, um Geld und Wertsachen zu deponieren und sich im Notfall auch Bares auszuleihen. Ningbo selbst wurde reich, denn die Verwandten schickten Geld aus der Fremde. Und was die Familien selbst nicht brauchten, konnten sie gegen Zinsen an andere verleihen. Auf diese Weise wurden die Einwohner aus Ningbo für ihr Geschick im Umgang mit Geld bekannt und stellten seit Generationen die Bankiers für das gesamte Reich der Mitte.

Auch am wirtschaftlichen Aufstieg Shanghais waren die Banker aus Ningbo beteiligt. Sie strömten bereits Ende des 18. Jahrhunderts in die Stadt und gründeten wie überall in der Fremde einen Zusammenschluss – die Ningbo Gilde 1797[5]. Dieser regionale Zunftverein sollte für viele Dekaden das finanzielle Geschick der Stadt am Yangtse bestimmen. Als zwischen 1911 und 1919 mehrere Ningbo-Banken in Shanghai wegen der Wirtschaftskrise bankrottgingen, erfanden sich die Bankiers von Ningbo durch Umfirmierung einfach neu. Sie gründeten unter anderen Namen Banken und vor allem Verbände und sicherten sich damit weiterhin den Einfluss auf Shanghais Wirtschaft in den 1920er- und 30er-Jahren.

Wann genau sich Ting Xiong-zhao, der Vater von Jeremy Ting, und Liu Tai-shi, der Vater meiner Mutter, in Shanghai getroffen haben, kann niemand mehr sagen. Aber es ist sehr wahrscheinlich, dass es in der Zeit war, als Ting seine Fabriken gründete, denn mein Großvater Liu war Privatbankier. In seinen Memoiren schreibt Fabrikant Ting über seine ersten Jahre in Shanghai: »Als ich mein eigenes Geschäft begann, kamen die meisten meiner persönlichen und geschäftlichen Freunde aus Ningbo.«[6] Dann beschreibt er das Kreditsystem der Ningbo-Bankiers. Weil es Privatbanken mit unbegrenzter Haftung waren, konnten sie jedem Geld per Handschlag leihen, den sie für kreditwürdig befanden. Ein Umstand, der vielen Unternehmern in Shanghai erst den Start ins Geschäftsleben ermöglichte.

Für meinen Großvater Liu Tai-shi muss es eine große Erleichterung gewesen sein, als er seinen alten Geschäftsfreund Ting Xiong-zhao in Hongkong wiedersah. Beide Familien gehörten zu den fast zwei Millionen Flüchtlingen, die zwischen 1945 und 1951 in die britische Kronkolonie geflohen waren. In dieser Zeit stieg die Bevölkerung in Hongkong von 600 000 auf über 2,5 Millionen Einwohner an.

Mit der bereits vor der Machtergreifung Maos 1949 gegründeten Plastikfabrik bot sich den Tings eine gute wirtschaftliche Ausgangslage für das neue Leben am sicheren Standort. Anders lag der Fall bei den Lius. Die Familie meiner Mutter schaffte die Flucht offenbar erst, kurz bevor im Juni 1951 die Grenze zu Hongkong geschlossen wurde. In kleinen, unauffälligen Gruppen reiste der vielköpfige Clan mit dem Zug von Shanghai nach Hongkong. Dabei hatte Großvater Liu einen Großteil seines Vermögens zurücklassen müssen. Plötzlich war die Familie gezwungen, ohne Haus, ohne Diener und mit sehr wenig Geld auszukommen. Meine sechzehnjährige Mutter, verwöhnt und verzogen, muss gelitten haben. Das Exil bedeutete für sie die Vertreibung aus dem Paradies, das Ende einer gut behüteten und materiell abgesicherten Welt. Wie für viele Chinesen ihrer Generation blieben der Bürgerkrieg und die Flucht vor den Kommunisten ein persönlichkeitsprägendes Trauma für sie. Es ist ein Thema – ähnlich wie die Nazi-Ära, der Zweite Weltkrieg, der Holocaust oder das Schicksal der Millionen Kriegsflüchtlinge –, über das die meisten Betroffenen kaum redeten.

Der Flüchtling Liu Tai-shi hatte alle Mühe, seine Frau und die neun Kinder, vier Jungen und fünf Mädchen, in der neuen Heimat zu ernähren. Da kam ihm das Angebot seines ehemaligen Geschäftsfreundes, einen Sohn mit einer seiner Töchter zu verheiraten, gerade recht. Ein Maul weniger zu stopfen. In der chinesischen Gesellschaft wurden Mädchen schließlich als reine Geldverschwendung betrachtet. Sie verursachten den Eltern nur hohe Kosten. Denn wenn sie einmal verheiratet waren, dann dienten und arbeiteten sie ausschließlich in der Familie ihres Ehemannes. Davor aber musste man sie jahrelang ernähren, erziehen und die Aussteuer finanzieren.

Liu Tai-shi war auch sofort klar, welche seiner Töchter für diese Hochzeit infrage kam: Mei-fen war die hübscheste unter den fünf Schwestern und mit Anfang 20 zugleich im besten Heiratsalter. Außerdem kannte sie Ting Kai-shou bereits, denn beide besuchten dasselbe College in Kowloon. Und wenn sich der Vater nicht getäuscht hatte, dann fand seine Tochter diesen Kai-shou gar nicht so übel. Großer Widerstand gegen diese Verbindung war folglich nicht zu erwarten.

Aber es gab noch einen Grund, warum meine Mutter die beste Heiratskandidatin war: Im Gegensatz zu den anderen Geschwistern hatte sie kaum eigene Ziele, schon gar keine beruflichen. Liu Mei-fen träumte nicht von Selbständigkeit, einem eigenen Beruf und einer Karriere. Und anders als der Rest der Kinder sprach sie auch nach all den Jahren in Hongkong noch immer kein fließendes Englisch.

Es kostete meinen Großvater Liu folglich keinerlei Mühe, meine leibliche Mutter von der unerwarteten Zukunftsperspektive zu überzeugen. Sie war sofort begeistert von dem Gedanken, eine gute Partie zu machen. »Alles, was im Leben Ihrer Mutter zählt, ist Geld«, sagt Ting.

Die Ehe zwischen Jeremy Ting und Liu Mei-fen war also von Anfang an keine Liebesheirat. Zwar behauptet Ting, meine Mutter habe sehr für ihn geschwärmt, sei ihm gar nachgelaufen. Ausschlaggebend für diese Verbindung aber war, dass die Familien Ting und Liu sich bereits aus Shanghai kannten, und aller Wahrscheinlichkeit nach hatten die Väter schon miteinander Geschäfte gemacht. Die Heirat wurde zwischen den Oberhäuptern zweier Familien beschlossen, die sich gegenseitig respektierten und als ebenbürtig betrachteten. Es war nach guter alter chinesischer Sitte eine arrangierte Ehe.

Solche Ehen entsprechen auch in China heutzutage nicht mehr den Lebensentwürfen junger Leute, die sich oft an westlichen Vorbildern orientieren, zumindest in den großen Metropolen. Im China der 1950er Jahre waren arrangierte Ehen jedoch nichts Ungewöhnliches, ebenso wie einige Dekaden früher in Europa. In allen vorindustriellen Gesellschaften ging es bei einer Heirat weniger um die Gefühle der Vermählten als vielmehr um den Fortbestand der Sippe, die Erbfolge und den Erhalt oder die Vermehrung des Vermögens.

Als die Verlobung zwischen Liu Mei-fen und Jeremy Ting im Herbst 1957 verkündet wurde, studierte der Bräutigam längst in München Architektur. Die Braut sollte ihm ein paar Monate später folgen. Die Verlobungsfeier war ein großes Fest, über das in Hongkong noch Tage später geredet wurde. Es war eines der Society-Ereignisse des Herbstes. Hunderte von Gästen wurden dazu in eines der Fünfsternehotels zu einem Bankett eingeladen. Die Clans der Tings und Lius waren – bis auf den Bräutigam – vollzählig erschienen, darunter auch die Konkubine des Fabrikanten Ting.

Ganz im Stil der Zeit trugen die Frauen Qipaos, eng anliegende chinesische Kleider aus feinster Seide und Brokat, reich bestickt und mit Pailletten übersät. Wie in Europa blickte man auch in Hongkong optimistisch in die Zukunft und zeigte, was man hatte. Der Koreakrieg war zu Ende, und die heiße Phase des Vietnamkrieges hatte noch nicht begonnen. Hongkong befand sich im Aufbau, die Wirtschaft der Kronkolonie boomte.

Weil Jeremy Ting auf seiner eigenen Verlobung fehlte, gibt es kein Foto von dem jungen Paar. Aber es existiert ein vielsagendes Schwarz-Weiß-Foto von meiner Mutter an diesem Tag. Wer es sieht, wird verstehen, was Ting meinte, als er nicht ohne Stolz das gute Aussehen seiner jungen Frau erwähnte. Liu Mei-fen entsprach dem chinesischen Schönheitsideal: Sie hatte ein rundes Gesicht mit heller Haut, einen Kirschmund und große Augen. Das maßgeschneiderte chinesische Kleid mit dem kurzen Stehkragen aus Seide betont ihre Rundungen und ihre Wespentaille aufs Vorteilhafteste. Ein wenig fragend, stolz und zugleich auch schmollend blickt sie in die Kamera. Es ist ihr absolut nicht anzusehen, was sie denkt.

Vermutlich jedoch war meine Mutter hochzufrieden. Denn in den 1950er-Jahren war das Frauenbild in China noch vom Konfuzianismus geprägt. Selbst unter Maos autoritärem Regime ist es nie ganz gelungen, diesen konfuzianischen Chauvinismus zu unterdrücken. Und das, obwohl der große Vorsitzende dem weiblichen Geschlecht »die Hälfte des Himmels« zugesprochen hatte. Konfuzius aber hatte es mit den Frauen nicht gut gemeint, als er ihre Aufgaben ausschließlich auf das Haus beschränkte. Sie hatten nichts anderes zu sein als respektvolle Töchter, sittsame Gattinnen und gebärfreudige Mütter. Bereits als kleines Kind ließ man jedes Mädchen spüren, dass es weniger wert war als ein Junge. Der gesellschaftliche Rang[7] einer Frau hing gänzlich von der Stellung ihres Gatten ab; ihm hatte sie ergeben zu sein. Starb der Ehemann, dann war es in der Regel der älteste Sohn, der nun der Familie vorstand und dem sich die Mutter unterzuordnen hatte.

Der einzige Weg für eine junge, konservativ-konfuzianische Chinesin wie meine leibliche Mutter, ihren Status zu verbessern, bestand also darin, in eine möglichst reiche Familie mit gutem Ruf einzuheiraten. Mit ihrer offiziellen Verlobung mit Jeremy Ting war Liu Mei-fen dieser Schritt gelungen.

Kapitel XIX

Ende 1957 holt Ting Kai-shou seine zukünftige Frau am Flughafen München-Riem ab. Er ist 25 und sie 22. Sie wohnen zentral zur Universität gelegen in einer kleinen Studentenbude in der Türkenstraße 81. Zu dem Zeitpunkt ist meine Mutter bereits im dritten Monat mit mir schwanger, doch Ting ahnt nichts davon. Nach außen hin läuft alles so, wie es die beiden Familienclans Ting und Liu in Hongkong vereinbart haben.

Am 18. März 1958 heiraten die beiden auf dem Standesamt I in der Mandlstraße 14, und einen Tag später findet die Trauung in der Ludwigskirche statt. Ting hat all seine Freunde und Bekannten eingeladen. Pater Gerhard traut das Paar. Der Geistliche ist in der kleinen Münchner Gemeinde der Auslandschinesen kein Unbekannter. Er spricht gut Chinesisch und kümmert sich konfessionsübergreifend um ihre Sorgen. Er ist Gründer des Hauses Fu in der Ohmstraße in Schwabing, dem damaligen Treffpunkt vieler chinesischer Studenten sowohl aus der Volksrepublik China als auch aus Taiwan.

Während der Trauung verursacht meine Mutter, die kein Wort Deutsch spricht, einen kleinen Eklat. Sie besteht darauf, dass die Trauungszeremonie in der Kirche fotografiert wird. Als ihr das aus Pietätsgründen nicht erlaubt wird, weigert sie sich, ihre Gäste zu begrüßen. Sie ist so aufgebracht, dass sie später nur mit Engelszungen überredet werden kann, überhaupt zu ihrem eigenen Hochzeitsfest zu erscheinen.

Tings Zweifel beginnen erst, als ich am 5. Juni 1958 um

15.40 Uhr im Rotkreuz-Krankenhaus in der Nymphenburger Straße 163 auf die Welt komme. Für ein Sechs-Monats-Kind erscheine ich ihm ungewöhnlich groß. Deswegen bittet er einen befreundeten Arzt, einen Blick auf mich zu werfen. Und dieser bestätigt seinen Verdacht – nämlich, dass ich viel zu entwickelt für eine Frühgeburt bin.

»Ihre Finger waren schon zu ausgeprägt. Ich konnte also gar nicht Ihr Vater sein«, empört sich Ting und sieht mir vorwurfsvoll in die Augen.

Jeremy Ting ist wütend und fühlt sich bis auf die Knochen blamiert. Liu Mei-fen bekommt, nachdem es ihr misslungen ist, mich als Kuckuckskind in diese Ehe einzuschmuggeln, einen ihrer berüchtigten Wutausbrüche. Sie schreit und schmeißt Teller nach ihrem frisch angetrauten Ehemann. Was beide in dieser aufgewühlten Zeit vereint: die Panik, dass die Familien Ting und Liu von diesem kompromittierenden Fauxpas erfahren könnten. Niemand darf wissen, dass ich existiere. Alles andere würde nur einen irreparablen Gesichtsverlust für die beiden chinesischen Clans bedeuten.

Uneheliche Kinder waren und sind in vielen Gesellschaften nicht gern gesehen. In Europa hat vor allem die katholische Kirche lange jeden Nachwuchs verteufelt, der nicht ordentlich getrauten Paaren entsprang. In China spielt die Religion keine Rolle bei der Diskriminierung außerehelich geborener Kinder. Dennoch bedeutet das Produkt eines Seitensprungs einen ungeheuren Gesichtsverlust. Nicht nur die Reputation des gehörnten Ehemannes wird dadurch beschädigt, sondern zugleich die Ehre der gesamten Familie Ting. Noch schlimmer: Meine Mutter hatte mit der Geburt eines Bastards Scham und Schande auch über ihre ganze Familie gebracht.

Vor was sich mein Doch-nicht-Vater und meine Mutter

Ende der verklemmten 1950er-Jahre fürchten, war also nicht nur, durch mich zum Gespött der Freunde und Bekannten in München zu werden, sondern vor allem, das Ansehen und damit die gesellschaftliche Position zweier chinesischer Groß-Clans in Hongkong entwertet zu haben.

Jeremy Ting glaubt aber tatsächlich, dass er die Lage hätte retten können, wenn meine leibliche Mutter ehrlich zu ihm gewesen wäre und ihm ihren Fehltritt gebeichtet hätte.

»Wir hätten einen Weg finden können, wenn ich von Anfang an gewusst hätte, dass Sie nicht von mir sind«, behauptet mein Doch-nicht-Vater.

»Was hätten Sie denn dann mit mir gemacht?« Ich bin misstrauisch. Er hätte auf jeden Fall versucht, mich zu verheimlichen.

»Liu Mei-fen hätte mit Ihnen für eine Weile untertauchen können, sodass es ausgesehen hätte, als seien Sie einfach später geboren worden. Dann hätte niemand daran gezweifelt, dass Sie mein Kind sind«, erklärt mir Ting.

Ja, denke ich, das hätte funktionieren können. Schließlich lebte das Paar weit weg von Hongkong. Sie standen also nicht unter der ständigen Beobachtung ihrer Familien, und Facebook, Twitter und Instagram gab es damals noch nicht.

»Ach was, das ist doch Humbug«, werfe ich ein und verfluche im Stillen diese Heuchelei und Fassadenmalerei.

»Das hätte sich alles gut arrangieren lassen«, fährt Ting unbeirrt fort. »Keiner hätte etwas gemerkt, und alle wären zufrieden gewesen. Aber so hat die Dummheit Ihrer Mutter alles zunichtegemacht.«

Ein uneheliches Kind hätte in meiner Adoptivfamilie ohne Zweifel ebenfalls viele Emotionen freigesetzt. Wäre es noch möglich gewesen, hätte man mich – da bin ich mir ziemlich sicher – abgetrieben. Mein Adoptivvater hatte im Gegensatz zu vielen seiner Geschlechtsgenossen nicht unbedingt das Bedürfnis, sich zu reproduzieren. Von der Ehe mit Kindern hielt er nicht allzu viel. »Heiraten ist Quatsch«, lautete einer seiner Standardsprüche.

Aber ich bin überzeugt davon, wäre ich als Ergebnis eines Seitensprungs schließlich doch auf die Welt gekommen, dann hätte man mich – wenn auch zähneknirschend – akzeptiert. Weder mein Papa noch meine Mama wären jedenfalls auf die Idee gekommen, dass meinetwegen die Familienehre für die nachfolgenden Generationen ruiniert sei. Und die Lösung »Weggeben« wäre mit Sicherheit auch niemandem eingefallen.

Jeremy Ting und Maria Liu haben jedoch offensichtlich keine Minute lang gezögert, mich abzugeben. In ihrer Not fragten sie Pater Gerhard um Hilfe. Wer letztendlich entschieden hat, dass ich in ein Waisenhaus komme, lässt sich heute nicht mehr genau bestimmen. Ting behauptet jedenfalls, dass er die für mich folgenschwere Entscheidung traf: »Wir kamen aus großen Familien. Ich habe Sie dem Waisenhaus geschenkt und damit die Ehre Ihrer Mutter bewahrt.« Und dann blickt er mir ohne eine Spur von schlechtem Gewissen in die Augen und sagt, als hielte er dies für einen guten Witz: »Vielleicht hätte ich Sie behalten, wenn Sie ein Junge gewesen wären.«

Ich verzichte auf Nachfragen. Aber ich weiß jetzt nicht nur, sondern ich kann es als stechenden Schmerz spüren, dass ich in den Augen meines Doch-nicht-Vaters nicht mehr als »verschüttetes Wasser« war. So werden Mädchen im chinesischen Volksmund und in unzähligen Romanen bezeichnet. Am besten man bekommt sie erst gar nicht; das heißt, man tötet sie oder – seit es Ultraschallbilder gibt – man treibt die weiblichen Embryos sofort ab. Das ist millionenfach geschehen, seit in der Volksrepublik China Ende der 1970er-Jahre die Ein-Kind-Politik eingeführt wurde. Der Höhepunkt dieser Art der Geschlechtsselektion fand in den 1990er-Jahren statt. Zeitweise kamen auf 120 geborene Jungen nur 100 Mädchen.

Inzwischen ist es gesetzlich verboten, per Ultraschall das Geschlecht von Embryos zu bestimmen, und die strenge Ein-Kind-Politik wurde praktisch aufgehoben. Paare dürfen unter bestimmten Umständen wieder mehr als ein Kind bekommen. Aber die demografischen Folgen dieser Familienpolitik wirken sich bereits heutzutage negativ aus: Wegen eines eklatanten Frauenmangels finden junge Männer immer schwerer Partnerinnen. Schätzungen zufolge werden rund 20 Prozent der heiratsfähigen Männer in China unverheiratet bleiben.

Pater Gerhard ist 87 Jahre alt, als ich mit ihm später in Deutschland telefoniere. Er hört schlecht und ist schwer zu verstehen, weil er stark nuschelt. Er hat sich fast 40 Jahre um ausländische Studenten, vorzugsweise chinesische, gekümmert.

»Pater Gerhard, können Sie mich verstehen?«, schreie ich in den Hörer. »Können Sie sich an einen Studenten erinnern, der Ting Kai-shou hieß?«

»Wie bitte?«

»Tiiing Kaai-shoouuu! Der hat Ende der 50er-Jahre in München studiert, und Sie haben seine Tochter, die nicht von ihm war, ins Waisenhaus gebracht. Erinnern Sie sich?«

»Wie heißen Sie?«

»Damals hieß ich Josefine Ting«, antworte ich.

Der Pater scheint zu überlegen.

»Josefine Ting? Josefine … Den Namen habe ich für Sie ausgesucht. Ihre Eltern wollten Ihnen ja noch nicht einmal einen Namen geben«, sagt er.

Für ein paar Sekunden bin ich sprachlos und ringe nach Luft, als hätte mich ein Schlag in die Magengrube getroffen. Dieses Detail meiner Geschichte kannte ich noch nicht. Mein Gott, wie sehr müssen mich diese Menschen abgelehnt haben, wenn sie mir noch nicht einmal einen Namen geben wollten!

Ich bin zugleich auch überrascht, dass sich der Geistliche trotz seines hohen Alters an mich erinnern kann. Pater Gerhard ist darüber fast ein wenig beleidigt: »Ihr Fall war damals einzigartig und ist mir nahegegangen. Schließlich ging es ja um Ihre Existenz.«

Dem Pater zufolge war es meine Mutter, die mich aus Angst um ihre eigene Lebensgrundlage gar nicht erst sehen wollte und darauf drängte, mich sofort zu entsorgen: »Es konnte ihr gar nicht schnell genug gehen.«

So war es der katholische Seelsorger, der mir nicht nur den Namen »Josefine« gab, sondern auch »Ting« in meine Geburtsurkunde als Nachnamen eintragen ließ, obwohl alle Beteiligten wussten, dass Ting gar nicht mein physischer Vater war. Der Pater war es auch, der mich exakt zehn Tage nach meiner Geburt im katholischen Säuglingsheim in der Paosostraße 8 ablieferte und mich – verwaltungstechnisch – der Obhut des Katholischen Jugendfürsorge-Vereins der Erzdiözese München-Freising anvertraute.

Durch Zufall blieb Pater Gerhard auch nach meiner Adoption immer über mich informiert. Er war mit Frau H., meiner Lehrerin in der Zwergschule in Thankirchen, befreundet. An freien Tagen besuchte er sie gern, denn sie besaß ein Haus am Rande des Dorfes mit einem traumhaften Blick auf die Alpen. Durch Frau H. erfuhr der Geistliche von der kleinen adoptierten Chinesin aus dem Nachbardorf.

»Ich wusste sofort, dass es sich nur um Sie handeln konnte.

Sie waren schließlich das einzige chinesische Adoptivkind weit und breit«, erzählt mir der Pater.

»Haben Sie nie versucht, meine Adoptiveltern zu treffen?«, frage ich.

»Nein, ich habe Ihre Adoptiveltern nie kennengelernt. Aber durch Frau H. wusste ich immer über Sie Bescheid.«

Dank des Einsatzes von Pater Gerhard wurde also das Problem mit mir gelöst, und die heile Ehefassade meiner leiblichen Eltern wurde gewahrt. Weit weg in Hongkong ahnte niemand etwas. Ich existierte für die Clans Ting und Liu nicht, und folglich verlor auch keine Seite ihr Gesicht.

Von Juni bis September 1958 gingen monatlich noch Zahlungen in Höhe von 102 Mark für meine Unterkunft in dem Heim ein. Offensichtlich wurden sie von Ting geleistet. Danach aber stellte er die Zahlungen wegen Geldproblemen ein, und mein Doch-nicht-Vater und meine physische Mutter verschwanden für immer aus München.

Jeremy Ting war bereits damals ein kranker Mann. Er hatte offenbar ein Problem mit den Nieren. Auf jeden Fall nennt er mir seine zunehmenden Gesundheitsprobleme als Grund, warum er Ende 1958 mit seiner Frau nach Hongkong zu seiner Familie zurückkehrte.

Kapitel XX

Nachdem es den Eheleuten Ting und Liu gelungen war, mich in Deutschland zurückzulassen, hofften die beiden auf einen Neuanfang in Hongkong. Niemand hatte dort etwas von meiner Geburt und Weggabe an das Waisenhaus mitbekommen. Somit konnten meine chinesischen Eltern den Anschein einer perfekten jungen Ehe nach außen hin wahren. Aber damit waren ihre Probleme nicht gelöst. Ganz im Gegenteil: Meine Geburt war der Anfang für ein lebenslanges Zerwürfnis zwischen dem Paar.

Bei jedem großen Streit sollte Jeremy Ting nun meine biologische Mutter als Lügnerin und Betrügerin beschimpfen. Sie sollten in ihrer noch dreißig Jahre andauernden Ehe nicht mehr glücklich miteinander werden. Es gelang ihnen noch nicht einmal, sich miteinander zu arrangieren. Sie wünschten sich nur noch, so weit wie möglich voneinander entfernt zu leben. Zwar kamen noch fünf gemeinsame Kinder auf die Welt: 1959 Jackie, 1960 Karl, 1963 Jessica, 1970 Ming-Xi und 1971 Ming-An – also vier Töchter und ein Sohn. Aber Ting kommentiert das so: »Es gibt einen Unterschied zwischen Sex und Liebe.«

Zugleich erwartete Jeremy Ting eine unsichere Zukunft in der britischen Kronkolonie. Der Weg in das Management der väterlichen Firma war ihm verwehrt. Er versuchte sich deshalb als Geschäftsmann, scheinbar immer wieder mit finanzieller Unterstützung durch seinen Vater.

Das Leben der Familie änderte sich Mitte der 1970er-Jahre schlagartig mit dem Umzug nach Porto Alegre, Brasilien.

»Aber Herr Ting, warum sind Sie denn mit der Familie ausgerechnet dahin ausgewandert?«, frage ich.

Ting zieht erst einmal lange an seiner Zigarette, bevor er den Rauch langsam durch seine Nase wieder ausbläst und antwortet: »Weil mich Ihre Mutter in den finanziellen Ruin getrieben hat.«

»Wie hat sie denn das geschafft?«

»Ihre Mutter hat gespielt«, erklärt Ting. »Sie war verrückt. Sie hat das geliehene Geld von meinem Vater verspekuliert.«

»Aber wie ist das möglich?«

»Fragen Sie mich nicht, sie hat es geschafft. Sie hat an der Hongkonger Börse spekuliert und verloren. Sie hat Tag und Nacht Mahjong gespielt. Sie hat meine Ehre zum zweiten Mal aufs Spiel gesetzt. Zuerst Sie und dann ihre Zockerei und mein Bankrott.«

Ich kann die Schmach in Tings Gesicht ablesen. Wieder war meine Mutter der Grund für Jeremy Tings Gesichtsverlust. Zwar wusste damals niemand von mir, dem Grund für seine erste große Demütigung, doch Ting wollte seine kapriziöse Ehefrau mit den Kindern auf keinen Fall mehr in Hongkong lassen.

In der britischen Kronkolonie kannte jeder seinen Vater. Dessen Aufstieg und unternehmerischer Erfolg waren schließlich Teil des Wirtschaftswunders in der Metropole. Jeremy wusste, dass seine Finanzprobleme schnell die Runde machen würden. Wenn aber der Vater eines hasste, dann Gerüchte, die seinen makellosen Ruf beschädigen konnten. In so einem Fall würde der Patriach den in seinen Augen missratenen Sohn zu sich zitieren. Kein angenehmer Gedanke. Ein Rüffel vom Vater und das Bekanntwerden seines finanziellen Desasters – diesen Gesichtsverlust musste Jeremy auf jeden Fall verhindern.

Wenn man zwei Personen fragt, wie sich ein bestimmtes Ereignis zugetragen hat, bekommt man oft zwei sehr unterschiedliche Geschichten aufgetischt. Jeder erzählt aus seiner Perspektive und hält seine Version für die einzig richtige.

Als ich einen Tag später meine leibliche Mutter nach dem Grund für den Umzug nach Porto Alegre frage, erhalte ich eine ganze andere Erklärung als die ihres Ehegatten. Ihr zufolge war bereits damals abzusehen, dass die Briten eines Tages die Kronkolonie aufgeben und an die Volksrepublik China zurückgeben würden. Wer also später nicht von den Kommunisten regiert werden wollte, suchte sich besser eine neue Bleibe.

»Wir wären gern in die Vereinigten Staaten gegangen«, erinnert sich Liu Mei-fen, »aber das ist uns nicht gelungen. Es gab zu viele bürokratische Hindernisse. Als Familie mit fünf Kindern wurden wir abgelehnt. Deswegen hat mein Mann nach einem anderen Land gesucht.«

»Nach welchen Kriterien hat er es denn ausgesucht?«, hake ich nach.

»Die Lebenshaltungskosten sollten bezahlbar sein, und vor allem musste es einfach sein, als Ausländer eine Aufenthaltsgenehmigung zu bekommen«, antwortet meine leibliche Mutter.

Beides traf auf Brasilien zu. Das Land war zu diesem Zeitpunkt für Ausländer mit harten Devisen ein Paradies: Spottbillig, wirtschaftlich aufstrebend und mit harter Hand von Diktator Ernesto Geisel regiert.

Auf Geheiß ihres Ehemannes zog Liu Mei-fen mit ihren Kindern nach Porto Alegre. Dort gab es bereits Bekannte als erste Anlaufstelle. Zugleich war die Stadt ganz im Süden Brasiliens ein blühendes Wirtschaftszentrum. Heute zählt Porto Alegre rund 1,4 Millionen, die ganze Metropolregion etwa 4 Millionen Einwohner. Mit circa 5000 Personen ist der asiatische Anteil an der Bevölkerung sehr klein. Die Mehrheit ist weiß und oft portugiesischen, deutschen oder italienischen Ursprungs.

Niemand in der Familie Ting konnte auch nur ein Wort Portugiesisch. Während die Kinder die Sprache schnell erlernten, tat sich meine leibliche Mutter wie auch schon mit Englisch schwer. Auch heute noch – nach über 30 Jahren in Brasilien – ist ihr Portugiesisch nur rudimentär. Bei Amtsgängen und Arztbesuchen muss sie sich von einem ihrer Kinder begleiten lassen, das übersetzt.

Ein Haus, ein Hausmädchen und chinesische Freunde, mit denen sie ihrer Leidenschaft – Mahjong spielen – nachgehen konnte: Den Worten meines Doch-nicht-Vaters zufolge setzte seine Frau in Porto Alegre das gleiche müßige Leben fort, wie sie es schon in Hongkong geführt hatte. Arbeiten kam ihr nicht in den Sinn. Noch nicht einmal die Kindererziehung betrachtete sie als ihre Aufgabe. Dafür gab es schließlich Kindermädchen.

»Ich kann mich nicht erinnern, dass Ihre Mutter jemals aufgestanden ist, um den Kindern Frühstück zu machen«, behauptet Ting. Stattdessen musste es morgens möglichst still im Haus sein, weil Liu Mei-fen meist bis spät in die Nacht gespielt hatte und ihr Schlafzimmer dann erst gegen Mittag verließ.

Die Ehe von Liu Mei-fen und Jeremy Ting bestand zu diesem Zeitpunkt nur noch auf dem Papier. Die beiden führten getrennte Leben. Ting verbrachte viel Zeit in Hongkong, um seinen Geschäften nachzugehen; Liu warf ihm Frauengeschichten vor. 1988 wurde diese nie glückliche Ehe geschieden. Beide Eheleute blieben auch nach ihrer Trennung in Brasilien. Aus den Kindern waren Brasilianer geworden, und keines wollte zurück nach Hongkong.

Draußen ist es längst dunkel, als Ting am Ende seiner Geschichte angelangt ist. Meine Freundin Sarah und ich sind vom Zuhören erschöpft. So viel Zwist und gegenseitig zugefügter Schmerz machen taub. Zu keinem Zeitpunkt unseres Gespräches interessiert sich Ting für mich, für mein Leben. Das ist im Grunde genommen auch nachvollziehbar, schließlich verbindet mich mit ihm außer dem ursprünglich gemeinsamen Nachnamen nichts. Und zugleich bin ich der Grund, warum seine Beziehung zu Liu Mei-fen von Anfang an einen Riss hatte. Wir sind keine Familie.

Ich möchte jetzt nichts anderes mehr als weg. Weg von dieser verschlungenen, unglücklichen Ehe- und Familiengeschichte. Weg von diesen Figuren aus einer anderen Welt, denen das Leben und vor allem die Konventionen böse mitgespielt haben.

Plötzlich habe ich keine Fragen mehr. Diese chinesischen Sitten, diese anderen Wertvorstellungen und die Auffassung, man müsse immer sein eigenes Gesicht und das der Ahnen wahren, sind mir fremd. In so einer Gesellschaft zählen ausschließlich Status, Geld und Ehre. Der Erfolg der Nachkommen wird an ihren Doktortiteln, Einkommen und Söhnen gemessen. Kinder sind in dieser konfuzianischen Ordnung der Gesellschaft nichts anderes als die Bewahrer ihrer Sippe. Frauen haben nur Wert als Mütter ihrer Söhne. Es sind Ansichten und gesellschaftliche Maßstäbe aus einer längst vergangenen Zeit, als für meine konservative chinesische Mutter die Welt noch in Ordnung war.

Wenn ich darüber nachdenke, warum mich Jeremy Ting und Liu Mei-fen an ein Waisenhaus in München verschenkt haben, steigt Wut in mir hoch. Ihre Tat erscheint mir ebenso gedankenlos wie selbstsüchtig. Denn sie haben mich nicht in höchster sozialer Not weggegeben. Sie waren weder minderjährige Teenager noch drogen- oder alkoholsüchtig noch Opfer einer Naturkatastrophe oder eines Bürgerkrieges. Sie waren weder überfordert noch hatten sie zu wenig Geld, um mich zu ernähren. Sie haben mich einzig und allein deshalb in München zurückgelassen, weil sie beide in Hongkong eine Fassade der Ehre und des Ansehens aufrechterhalten wollten. Sie haben mich abgeschoben, weil ich ihrem bequemen Leben im Wege stand. Und das fiel ihnen offensichtlich nicht weiter schwer, denn schließlich war ich ja nur ein Mädchen – »verschüttetes Wasser«.

Der Abschied zwischen Ting und mir fällt äußerst kühl aus. Wir haben kein Interesse mehr aneinander. Alles zwischen uns ist gesagt. Draußen nieselt es noch immer. Als ich Tings Hand schüttle, drückt er mir einen kleinen Zettel mit der Telefonnummer meiner Mutter in die Hand – so wie versprochen. Wir werden uns nicht mehr wiedersehen. 2002 ist mein Doch-nicht-Vater, der mir meinen ersten Nachnamen und die Telefonnummer meiner Mutter gab, gestorben.

Kapitel XXI

Es ist beinahe Mitternacht, als Sarah und ich im Hotel ankommen. Sofort rufe ich meine leibliche Mutter in Porto Alegre an, um ihr zu sagen, dass ich sie gern am nächsten Tag treffen würde. Liu Mei-fen nimmt nach wenigen Sekunden ab.

»Wei?« (Hallo), fragt eine kurz angebundene Stimme auf Chinesisch.

»Wei«, antworte ich. Es entspinnt sich eine ziemlich konfuse Konversation mit abgehackten chinesischen Silben und eingestreuten englischen Worten. Plötzlich werde ich nervös. Mir fallen einzelne Worte nicht ein; ich stottere und rede total durcheinander. Es dauert, bis ich mich wieder gefangen habe und verständliche Fragen stellen kann. Doch obwohl Liu Mei-fen den Eindruck haben muss, hier rede eine Verrückte mit ihr, legt sie nicht auf. Sie reagiert ein wenig ungeduldig, hört mir aber zu.

»Tut mir leid«, entschuldige ich mich, »aber hat Ihr Exmann schon mit Ihnen telefoniert und gesagt, um was es geht?«

»Yes.«

»Das heißt, dann wissen Sie, dass ich vermute, dass ich Ihre Tochter bin?«

»Yes.«

»Bin ich Ihre Tochter?«

»No«, weist mich Liu Mei-fen zurück.

Ich stutze.

»Sind Sie sicher, dass ich nicht Ihre Tochter bin?«

»No.«

»Ich wurde am 5. Juni 1958 in München geboren. Erinnern Sie sich?«

»Yes.«

Unerwartet ergießt sich ein Redeschwall über mich: »Wissen Sie, ich habe meinem ehemaligen Mann nicht geglaubt, als er vor ein paar Tagen bei mir anrief. Er behauptete, dass demnächst mein erstes Kind aus Deutschland bei mir auftauchen würde. Ich habe seit Jahren nicht mit ihm gesprochen.« Liu Mei-fen erzählt, dass sie ihn beschimpft und ihm gesagt hat, er sei verrückt. Aber Jeremy Ting habe insistiert, dass er die Wahrheit sage.

Nachdem meine leibliche Mutter nun nicht mehr bestreitet, dass ich ihre Tochter bin, vereinbaren wir in sachlichem Ton die Details unseres Treffens. Sarah und ich werden am nächsten Tag von Curitiba nach Porto Alegre fliegen. Gegen 13 Uhr kommen wir an. Liu Mei-fen verspricht, uns am Flughafen abzuholen. Danach will sie uns zum Mittagessen einladen.

Wie werden wir uns wohl erkennen? Ich bringe es nicht fertig, Liu Mei-fen darauf hinzuweisen, dass wir uns womöglich ähnlich sehen. Die Vorstellung befremdet mich. Jemand, der aussieht wie ich? Meine leibliche Mutter ist eine mir völlig unbekannte Frau. Je länger ich darüber nachdenke, desto mehr wächst in mir der Wunsch, einfach wieder nach Hause zu fliegen. Was mache ich hier in Brasilien eigentlich? Warum bin ich nicht längst wieder in meiner deutschen Komfortzone? Es kostet so viel Kraft, den Tatsachen ins Auge zu sehen und mit Menschen zu reden, die mich eigentlich lieben sollten, aber es nicht tun. Andererseits weiß ich, dass ich praktisch am Ziel bin. Ich habe lange nach meinen biologischen Eltern gesucht und muss jetzt nur noch diesen allerletzten Schritt gehen, um meine biologische Mutter zu treffen. Nur sie wird mir sagen können, wer mein leiblicher Vater ist und was damals tatsächlich geschah.

Der Flug von Curitiba nach Porto Alegre dauert kaum zwei Stunden. Kurz vor der Landung werde ich furchtbar nervös. Das merke ich daran, dass mir Sarah die Hand aufs Knie legt, weil ich unablässig damit wippe. Wird meine leibliche Mutter wirklich an den Flughafen kommen?

Als ich durch die automatische Glastür in die Ankunftshalle trete, sehe ich weit und breit kein chinesisches Gesicht. Auch im weiteren Umfeld – nichts. Sarah unkt bereits: »Du, die kneift.« Doch als Sarah sich gerade aufmacht, um ein Stockwerk höher zu suchen, erblicke ich in etwa zwanzig Meter Entfernung eine Chinesin mit Dauerwelle und im typischen Hongkong-Outfit älterer Damen – einem hellen Seidenpyjama. Das ist sie.

Sie schaut sich suchend um, dreht sich langsam um ihre Achse. Ich bleibe stehen; gleich wird sie mich entdecken. Als ihr Blick auf mich fällt, fixiert sie mich für einen kurzen Moment. Wie zum Schutz drückt Liu Mei-fen ihre Henkeltasche fest an sich und beginnt tippelnd, aber zielstrebig auf mich zuzugehen. Mir stockt der Atem, und ich runzle die Stirn. Ist sie das wirklich? Direkt vor mir kommt sie zum Stehen. Um mich zu berühren, müsste sie nicht einmal ihren ganzen Arm ausstrecken. Wir starren uns eine kleine Ewigkeit lang an – schweigend, prüfend, suchend. Sarah kommt dazu und schweigt ausnahmsweise. Sie beobachtet uns.

Ich versuche, Liu Mei-fen ganz in mich aufzusaugen. Ich suche sofort nach Ähnlichkeiten. Hat sie meine Augen, meine Lippen? Hat sie auch die zwei Leberflecken auf den Lippen wie ich? Meine leibliche Mutter ist zehn Jahre jünger als meine echte Mutter; ein bisschen rund und ein wenig kleiner als ich. Sie hat eine viel hellere Haut als ich und weichere Gesichtszüge. Sie sieht sehr gepflegt aus. Auf den ersten Blick sind wir nicht als Mutter und Tochter zu erkennen – finde ich. Erst als wir lachen, entdecken wir gegenseitig die Grübchen in unseren Wangen. Und als Sarah hinter uns herläuft, bemerkt sie: »Du, ihr habt beide den gleichen tiefen Haaransatz im Nacken.«

Während ich Liu Mei-fen mit all meinen Sinnen scanne, bekommt sie feuchte Augen. Sie zieht ein Taschentuch aus ihrer Henkeltasche und schnieft hinein. Ich starre sie immer noch an, aber in mir bewegt sich überhaupt nichts. Weder Abneigung noch Mitleid, weder Freude noch Trauer. Stattdessen nehme ich emotionslos zur Kenntnis: Ja, du hast endlich die Frau gefunden, die dich auf die Welt gebracht hat.

Liu Mei-fens erste Worte bei unserer Begegnung auf dem Flughafen sind nicht etwa, dass ich ihre Tochter bin. Das nimmt sie mit sichtbaren Gefühlen als gegeben hin. Stattdessen überfällt sie meine Freundin und mich mit einem Schwall Chinesisch, der sich um die praktischeren Dinge des Lebens dreht.

»Wir fahren jetzt erst einmal etwas essen«, verkündet sie und geht zielstrebig in Richtung Parkhaus. »Ich möchte nicht jetzt schon nach Hause fahren, weil das Hausmädchen noch da ist. Die muss euch ja nicht unbedingt mitbekommen.« Geschäftsmäßig sieht sie mich an und präzisiert: »Die muss dich ja nicht sehen.«

Als ich diesen Satz höre, bleibe ich zu meiner Überraschung völlig ungerührt. Dieser Affront prallt an mir ab. Wir sind uns völlig fremd und kennen uns gerade ein paar Minuten. Mein Gehirn registriert lediglich, dass es meiner biologischen Mutter unangenehm wäre, wenn das Hausmädchen erfahren würde, dass es mich gibt. Auch nach all diesen Jahren schämt sie sich immer noch meinetwegen; ich bin der Fehltritt ihres Lebens.

In einem kleinen Twingo kutschiert uns Liu Mei-fen wenige Minuten durch Porto Alegre, bis wir in einem gesichtslosen Selbstbedienungsrestaurant in einem Einkaufszentrum an blank geputzten Holztischen sitzen und Wasser trinken. Keiner von uns hat Hunger. Dudelmusik im Hintergrund, und Menschen bummeln mit vollen Tüten an den Schaufenstern vorbei. Die Situation hat surreale Züge. In einem meiner intimsten Momente sitze ich mit einer fremden, alten Frau an einem der öffentlichsten Plätze, die es gibt – in einem klimatisierten Einkaufscenter –, um über die Wurzeln meiner Existenz zu reden.

Meine leibliche Mutter kann es kaum fassen, dass es mir gelungen ist, sie zu finden. »Wie hast du das nur geschafft?«, staunt sie immer wieder. »Ich habe gedacht, ich sehe dich nie mehr.« Sie hatte sich in fast hundertprozentiger Sicherheit gewiegt, dass sie mich niemals wieder treffen würde. Sie gehört nicht zu dem Typ Frau, der viele Worte macht. Sie ist gefürchtet für ihre Temperaments- und Wutausbrüche, aber über sich zu sprechen, hat sie nicht gelernt. Deswegen interessiert es sie nur, ob es mir gut geht, ob ich ein Auskommen habe und ob mich meine Adoptiveltern gut behandeln. Ich zeige ihr die Fotos meiner Familie. Lange begutachtet sie das Foto meiner richtigen Mutter als junge Frau damals kurz nach meiner Adoption. Beide Frauen – die chinesische ebenso wie die deutsche Mutter – haben einmal sehr gut ausgesehen.

Für mich läuft diese Begegnung wie im Film ab. Ich weiß gar nicht, ob ich das bin, die Liu Mei-fen zuhört und anstarrt. Ohne große Emotionen bin ich allein darauf konzentriert, die Fakten zur Auflösung meines Lebensrätsels herauszufinden. Nur einmal überkommt mich so etwas wie Rührung, und für wenige Momente erahne ich, was für ein Abgrund sich für eine Mutter auftut, die ihr Kind weggibt.

»Hast du jemals an mich gedacht?«, frage ich.

Liu Mei-fen sieht mich erstaunt an, dann verzieht sie das Gesicht missbilligend. »Als ob eine Mutter ihr Kind vergessen könnte«, antwortet sie.

»Aber ihr habt mich ohne Not weggegeben.«

»Das heißt aber nicht, dass es dich nicht mehr gab.«

Zu keinem Zeitpunkt verhehlt Liu Mei-fen, dass weder sie noch ihr Ehemann je daran dachten, mich mit nach Hongkong zu nehmen. »Ich habe die Schwangerschaft geheim gehalten, um mein künftiges Leben zu schützen. Ich hatte Jeremy gegenüber ein schlechtes Gewissen. Aber ich hatte auch Angst, für den Rest meines Lebens vom Ting-Clan diskriminiert zu werden«, rechtfertigt Liu Mei-fen meine Weggabe. Sie hat für ihren Fehltritt mit einer miserablen Ehe bezahlt. »Das ist doch genug Sühne«, findet sie.

Dann erzählt sie, dass sie Anfang der 1960er-Jahre einen Wahrsager konsultiert habe, um ihn zu fragen, wie es mir ginge. Damals lebte die Familie noch in Hongkong. Die beiden ersten offiziellen Kinder, Jackie und Karl, waren schon auf der Welt. »Du wurdest im Jahr des Hundes geboren.« Als der Mann bestätigt habe, dass es mir an nichts fehle, sei es ihr besser gegangen.

Das ist der Augenblick, in dem auch ich schlucken muss. All der Groll, all die Wut der vergangenen Jahre sind plötzlich verschwunden. Vielleicht habe ich mich nur deswegen auf den

Weg nach Brasilien gemacht, um zumindest dieses kleine Zugeständnis meiner leiblichen Mutter zu hören. Sie hat mich weggegeben, weil ich ihre Ehe und damit ihre komfortable Existenz bedrohte. Aber ich bin ein Stachel in ihrem Herzen geblieben. Sie hat auch ihren Teil gelitten.

Eine letzte Frage habe ich noch an meine leibliche Mutter: Wer ist mein Vater? Zuerst ziert sich Liu Mei-fen ein wenig. Aber ich muss nicht lange darauf bestehen, bis sie den Namen meines Vaters verrät: »He Chao-xiang.«

»Und wie hast du meinen Vater kennengelernt?«, frage ich weiter.

»Ach, das willst du gar nicht wissen«, winkt Liu Mei-fen ab. Aber dann lenkt sie ein und berichtet.

In den 1950er-Jahren war die Welt prüde und unaufgeklärt. Das galt auch für Deutschland, das erst gut zehn Jahre später dank der Studentenrevolte und Oswald Kolles Aufklärungsfilme lernte, beim Thema Sex nicht rot zu werden. Aber in ganz besonderem Maße galt das für China. Aufklärung gab es nicht in Zeiten des Bürgerkrieges oder kurz nachdem die Kommunisten die Regierung übernommen hatten. Weder zu Hause noch in der Schule. Und wenn, dann nur durch die Mutter oder Tanten unzureichend und erst kurz vor der Ehe. Sex ist in China auch heute noch ein Tabuthema.

Die Generation meiner leiblichen Mutter war zwar für die Ehe erzogen worden. Was sich im Bett zwischen Mann und Frau abspielte, davon hatten diese Frauen aber nur eine vage Vorstellung. »Obwohl ich damals bereits über 20 Jahre alt war, wusste ich wenig über Sex und gar nichts über Schwangerschaft«, sagt Liu Mei-fen. Andererseits gab es da jedoch die vielen Partys. So wie es bei jungen Leuten eben üblich ist, wurde jede Gelegenheit genutzt, um zu feiern. Beflügelt von der stetig wachsenden Wirtschaft und einem unerschütterlichen Optimismus in die Zukunft tanzte damals ganz Hongkong. Vielleicht mehr als anderswo und vielleicht auch aus Trotz, weil jenseits der Grenze Mao Tse-tung die Bevölkerung mit ideologischen Kampagnen am laufenden Band quälte.

Liu Mei-fen kannte den Studenten He Chao-xiang vom Sehen.

»Er war Werkstudent am Chu Hai College und um einige Jahre älter als ich.«

»Kam He auch aus China?«, möchte ich wissen.

»Er kam aus Taiwan. Das heißt, er ist von China direkt auf die Insel geflohen.«

»Aber warum hat er dann in Hongkong studiert und nicht in Taipeh?«

»Das weiß ich nicht.«

Wie viele Chinesen in dieser Zeit hatte mein Erzeuger auf der Flucht vor Mao nur zwei Möglichkeiten: entweder Hongkong oder Taiwan. Oft hatten Männer wie er nicht einmal diese Wahl. Gehörten sie der Kuomintang an, der nationalen Partei Chiang Kai-sheks, oder waren sie von dessen Armee rekrutiert worden, folgten sie im Frühjahr 1949 dem Marschbefehl, sich nach Taiwan zurückzuziehen. Damals setzten rund zwei Millionen Chinesen in einem chaotischen Rückzug auf die rund 130 Kilometer vom chinesischen Festland entfernte Insel über.

Wieso also He Chao-xiang sich als Werkstudent am Chu Hai College eingeschrieben hatte, weiß niemand so genau. Vermutlich weil es als offizielle Anlaufstelle den Studentenaustausch zwischen Taiwan und Hongkong organisierte. Was man aber wusste, und das machte den jungen Mann noch geheimnisvoller für die Damenwelt, war die Tatsache, dass er im Hause des Taiwanesen Fang ein und aus ging – einem, wie man munkelte, Spion des Westens. Später hat He noch eine Weile bei einer Bank in der britischen Kronkolonie gearbeitet, bevor sich seine Spuren endgültig verlieren.

Liu Mei-fen kannte He Chao-xiang durch zwei Kurse, die sie beide belegt hatten. Im Herbst 1957 trafen sie sich dann zufällig auf einer Fete wieder. Ein bisschen zu viel Alkohol, eine flirtende junge Frau ohne Erfahrung und ein sehr interessierter Student, und beide wollten ein bisschen Spaß. Für einen kurzen Moment vergaß Liu Mei-fen, dass sie bereits verlobt war und in wenigen Monaten nach Deutschland zu ihrem künftigen Mann reisen würde – einem Mann, den sie bisher kaum kannte und noch nie geküsst hatte. So passierte es – ein klassischer One-Night-Stand.

Ein Fehltritt – so verblüffend einfach lautet die Lösung meines großen Lebensrätsels. Ich habe keine Fragen mehr an meine leibliche Mutter.

Sarah und ich fliegen noch am selben Tag zurück nach Buenos Aires. Zwei Tage später bin ich wieder in Deutschland.

Erst ein paar Tage später, als ich wieder zu Hause in Deutschland bin, fühle ich einen großen Respekt vor jener kleinen Frau, die meine leibliche Mutter ist. Im Gegensatz zu mir hatte sie nicht fast zwei Jahre lang Zeit, sich an den Gedanken zu gewöhnen, dass sie ihre verstoßene Tochter bald wiedersehen würde. Ich dagegen konnte mir schon Monate vorher alles ausmalen. Erst kurz vorher hatte sie von ihrem Exmann erfahren, dass ihr fortgegebenes Kind auf dem Weg zu ihr war. Sie hatte ihm zuerst nicht geglaubt. Aber als ich dann anrief, zögerte sie keine Sekunde, mich zu treffen. Das finde ich mutig.

Kapitel XXII

Wie kann ich meine leibliche Mutter beschreiben, ohne sie zu verurteilen? Ich bin ihr gegenüber nicht objektiv. Immerhin ist sie die Person, die es zugelassen hat, dass ich an ein Waisenhaus verschenkt wurde. Ist so eine Frau als herzlos zu bezeichnen? Bin ich als ihre Tochter verpflichtet, ihre Beweggründe zu verstehen und ihre Begründungen zu akzeptieren?

Ich weiß es nicht. Ich gehöre zu den Menschen, die in der Regel immer eine Meinung haben. Aber was ist in diesem Fall falsch, was ist richtig? Hier hat jemand sein Kind aufgegeben, weil er Angst vor einem Leben in Schande und vor allem in Armut hatte. Liu Mei-fen hätte nicht nur ein großes Herz haben müssen, um zu mir zu stehen, sondern vor allem auch Mut. Viel Mut, um den gesellschaftlichen Druck der Ächtung auszuhalten. Denn hätte sich Ting Kai-shou wegen mir, dem Bastard, von ihr getrennt, wäre sie mittellos gewesen. Und ein Ehemann in derselben Preisklasse hätte sich für die entehrte junge Frau mit Sicherheit nicht mehr gefunden. Dienstboten für Haushalt und Kinder hätte es für sie nicht mehr gegeben, genauso wenig wie die nächtlichen Mahjong-Runden. Liu Mei-fen wäre gezwungen gewesen, etwas zu tun, was sie noch nie gemacht hatte: regelmäßig zu arbeiten. Aber dafür war sie nicht erzogen worden. Sie sah ihre Aufgaben vielmehr darin, ihrem Ehemann zu gehorchen und vorzugsweise Söhne auf die Welt zu bringen. Dafür hatte der Mann sie standesgemäß zu versorgen. So lautete der Deal. Und das alles stand nun auf dem Spiel, nur wegen eines nach konfuzianischem Denken wertlosen Mädchens, gezeugt von jemandem, an den sich meine physische Mutter kaum erinnerte.

Als Liu Mei-fen jung war, gab es noch Konkubinen. Kinder – vor allem Mädchen – wurden wie Ware verschenkt, verkauft oder verheiratet. Liu Mei-fen kannte es nicht anders. Warum hätte sie in Deutschland, einem Land, in dem sie nicht lange leben würde, plötzlich nach anderen, westlichen Maßstäben handeln sollen, die ihr nicht vertraut waren? Meine chinesische Mutter wollte doch nur bequem leben. Sie hatte sich schon immer mehr für die angenehmen Seiten des Lebens interessiert als für Politik und Gesellschaft. Jedes Ereignis, egal ob von weltpolitischer Bedeutung oder ein banaler Bestandteil des Alltags, wird pragmatisch daraufhin abgeklopft, ob es Vor- oder Nachteile für die eigene Existenz hat. Als ich Liu Mei-fen bitte, mir mehr über ihre Vergangenheit und die Herkunft ihrer Familie zu erzählen, sieht sie mich verständnislos an und fragt:

»Was hat das denn für einen Nutzen?«

»Na ja, das ist die Geschichte deiner Familie. Das ist interessant«, erkläre ich ihr.

»Davon kann ich mir nichts kaufen«, antwortet meine leibliche Mutter, und ich starre sie ungläubig an, weil ich ihr einen derart kühlen Pragmatismus nicht zugetraut hätte. Familienerinnerungen und die Geschichte ihres Clans haben also offensichtlich keinen direkten Nutzen für meine physische Mutter.

Das Einzige, was sie immer weiß, ist, ob die Preise steigen oder fallen. Kaufkraft ist ihr wichtig. Liu Mei-fen hasst den Kommunismus, und bei der Erwähnung des Namens Mao Tse-tung verzieht sie das Gesicht, als würde sie in eine Zitrone beißen. Dieser Mann hat ihr ihre komfortable Jugend zerstört, sie zum Flüchtling gemacht und sie in eine Welt katapultiert, die sie sich nie gewünscht hatte.

Wäre es nach meiner biologischen Mutter gegangen, dann wäre sie eine typische »Shanghai Taitai« geworden, eine »Shanghai Lady«. Das ist ein bekannter (aber auch berüchtigter) Schlag von Frauen, wie er nur vor der Gründung der Volkrepublik China entstehen konnte, in den 1920er- und 30er-Jahren, einer Ära des schnellen Geldes, ständig wechselnder politischer Machtverhältnisse und der Dekadenz: eitle, geldgierige und statusbewusste Luxusgeschöpfe – ein Frauentyp, der heute angesichts der wieder auflebenden Sitte des Konkubinats unter neureichen Chinesen eine zweifelhafte Renaissance erlebt.

Die Shanghai Taitais haben sich auf ihre Weise am frauenverachtenden konfuzianischen Gesellschaftssystem gerächt, indem sie die Männer dafür bluten ließen. Wenn ein Mädchen schon nichts wert war und das Ansehen einer Frau allein davon abhing, ob sie dem Gatten Söhne gebar, ihm gehorsam war und Nebenfrauen erduldete, dann sollte dies den Ehegatten wenigstens so teuer wie möglich zu stehen kommen.

Hier der Kleinstadt-Mief von Germersheim, dort das kosmopolitische Flair der Metropole Shanghai: Völlig verschiedene Welten und zehn Jahre Altersunterschied. Auf den ersten Blick scheinen meine beiden Mütter nur sehr wenig gemeinsam zu haben. Vor allem, was ihre Werte betrifft bezüglich der Stellung der Frauen, der individuellen Selbstbestimmung und der Bedeutung der Familie. Der Westen und der Ferne Osten prallen bei ihnen offenbar aufeinander.

Aber das stimmt nur zum Teil. Es gibt auch Gemeinsamkeiten. So wuchsen beide Frauen in wohlhabenden Familien auf. Mit Ausdauer, Fleiß und Klugheit hatten die Väter jeweils erfolgreiche Unternehmen – eine Schilderfabrik, eine Bank – gelenkt. Vielleicht hatte hier das hugenottisch-protestantische Arbeitsethos geholfen, dort der den Ningbo-Bewohnern zugeschriebene Geschäftssinn.

Der Wohlstand ihrer Elternhäuser hat sowohl meine deutsche als auch meine chinesische Mutter stark geprägt: Ammen, Kindermädchen und Internate kümmerten sich um ihre Erziehung. Die eigenen Mütter wären nicht auf die Idee gekommen, die Aufzucht der Kinder zu übernehmen. Dadurch bekamen weder meine Mama aus Germersheim noch meine Mutter aus Shanghai je ausreichend Zuwendung und Liebe von ihren Müttern. Zumindest meine Adoptivmutter hätte sich mehr Nähe und Wärme sehr gewünscht:

»Deine Großmutter hat mich so gut wie nie in den Arm genommen. Was hätte ich dafür gegeben. Aber dazu war sie viel zu sehr mit anderen Sachen beschäftigt.« Fast ein wenig Wehmut schwingt in der Stimme meiner Mami mit, wenn sie dergleichen sagt, als ob sie jeder entgangenen Umarmung nachtrauere. Ob solch eine Nähe meiner leiblichen Mutter gefehlt hat, weiß ich nicht. Einmal auf dem Schoß der geliebten Mama sitzen und geknuddelt werden, das kannten beide nicht.

Aber die vermutlich noch viel prägenderen Ereignisse waren für meine »echte« Mutter der Zweite Weltkrieg in Europa und für meine leibliche Mutter der Bürgerkrieg zwischen den Kommunisten und den Nationalisten in China. Willkür, Hunger und Gewalt haben ihnen die Jugend geraubt und ihre alte Welt begraben. Mit großer Zähigkeit, Entschlossenheit und auch Sturheit haben beide Frauen anschließend versucht, jeweils das Beste aus ihren Leben zu machen und ihre traumatischen Erinnerungen und Erfahrungen abzuschütteln.

Wenn ich versuche, meine beiden Mütter aus der Distanz zu betrachten, fällt mir allerdings ein wesentlicher Unterschied auf: Meine leibliche Mutter musste zweimal unfreiwillig ihre Heimat verlassen. Zuerst floh sie von Shanghai nach Hongkong, weil die Kommunisten die Macht in China übernahmen und die Kapitalisten jagten, dann zog sie von Hongkong nach Porto Alegre, weil es der Ehemann so beschlossen hatte. Liu Mei-fen hatte also nie die Chance, die wesentlichen Entscheidungen in ihrem Leben selbst zu fällen. Vielleicht ist das der Grund, warum sie sich nur ungern an ihre Vergangenheit erinnert. Sie ist ihrer eigenen Geschichte immer nur gefolgt, nie ihr vorangegangen. Meine Adoptivmutter dagegen kennt diese Art von Fremdbestimmung nicht. Sie hatte zumindest nach dem Krieg immer die freie Wahl. Auch die Wahl, mich zu adoptieren und meine »richtige« Mutter zu werden.

Seit ich meiner biologischen Mutter begegnet bin, erwische ich mich oft bei der Frage: »Was habe ich von meinen beiden Müttern geerbt?« Denn abgesehen von dem Umstand, dass mir Liu Mei-fen und ihr One-Night-Stand mein chinesisches Aussehen beschert haben, kann ich nur wenige Gemeinsamkeiten entdecken. Dazu habe ich zu kurze Zeit mit meiner leiblichen Mutter verbracht. Ich habe sie auch nicht nach Erbkrankheiten in der Familie Liu gefragt. Irgendwie interessiert mich das nicht.

Aber bei unserer Begegnung war meine chinesische Mutter frappiert, weil ich sie offensichtlich an ihren Vater erinnerte. Sie hatte mir immer wieder mit ihrer weichen Hand über die Wange gestrichen und dabei den Kopf geschüttelt:

»Du hast seine Gesichtszüge. Seine Stirn, seine Nase; er hatte ein ganz fein geschnittenes Gesicht.«

Doch als ich nach einem Foto von meinem Großvater fragte, erwidert sie schroff: »Gibt es nicht.«

Mit einem gewissen Befremden beobachte ich, dass Liu Mei-fen ungeduldig, ziemlich herrisch und sehr impulsiv sein kann. Alle drei Eigenschaften würde ich auch mir zuschreiben. Zumindest sind es Charakterzüge, für die ich von nahen Freunden Kritik einstecken muss. Langmut und Großzügigkeit gehören offenbar nicht zu den typischen Persönlichkeitsmerkmalen meiner leiblichen Mutter und mir.

Mit meiner Adoptivmutter verbinden mich neben einem ganzen Leben ebenfalls eine Reihe von Gemeinsamkeiten. Natürlich sehen wir uns aufgrund unserer unterschiedlichen Gene nicht ähnlich. Ich habe weder ihre hellblonden Haare noch ihre Nase. Sie hat einen niedrigen Blutdruck und einen hohen Cholesterinwert, ich neige zu erhöhtem Blutdruck, während mein Cholesterinwert normal ist. Aber abgesehen von der physischen Verschiedenheit habe ich viele Gemeinsamkeiten mit ihr, weil ich vieles von ihr übernommen habe. Ja, manchmal verfluche ich mich, weil sie mir mit ihren Werten, ihren Vorstellungen und ihrer Art auch heute noch so tief in den Knochen steckt.

Ich habe ihr strenges Auge in Sachen Geschmack und Stil übernommen. Wir haben beide ziemlich festgestanzte Ansichten, wie die Dinge auszusehen haben. Und obwohl wir unterschiedliche Sachen schön finden, können wir den anderen wortlos verstehen, warum er ein bestimmtes Bild so aufgehängt hat und nicht anders. Dieser unausgesprochenen Maxime folgend, hängt man selbstverständlich keine Bilder entlang einer Treppe auf – entsetzlich! Scannt meine Mutter mit ihrem Laserblick das Äußere eines Menschen oder eines Hauses ab, dann weiß ich genau, was sie in den nächsten Minuten daran auszusetzen hat: Die Schuhe passen nicht zum Anzug, die Fensterproportionen nicht zum Gebäude. Das Schlimme daran: Meistens muss ich ihr recht geben. Auch unsere Art zu kochen und zu backen ist ähnlich. Ich habe nie erlebt, dass sich meine Mutter hundertprozentig an ein Rezept gehalten hätte. Sie hat immer improvisiert, die eine Zutat gegen die andere ausgetauscht, spontan etwas hinzugefügt oder weggelassen. Ich mache das genauso.

Besonders ärgere ich mich aber über die bildungsbürgerlichen Ansichten und Ambitionen meiner Mutter, mit denen sie mich ebenfalls infiziert hat. Kombiniert mit unserer familientypischen Sturheit und Selbstgerechtigkeit brauchen wir manchmal enge Vertraute, die uns aus dieser hausgemachten Borniertheit wieder herausschütteln. Meine Mutter litt, als keines ihrer Enkelkinder Abitur machte. Ich litt ebenfalls, weil Nichten und Neffen ohne Abitur nicht in mein Weltbild passten. Schulversager waren nicht akzeptabel. Meine Mutter und ich brauchten eine Weile, um zu begreifen, dass Abitur und Universität heutzutage nicht mehr gleichbedeutend mit Karriere sind. Und mit individuellem Glück erst recht nicht.

Nach meiner Rückkehr aus Brasilien haben meine chinesische Mutter und ich noch eine Weile versucht, uns regelmäßig Briefe zu schreiben. Ich dachte, das müsste jetzt so sein. Liu Mei-fen ist schließlich meine biologische Mutter. Höflich haben wir uns nach dem jeweiligen Gesundheitszustand des anderen erkundigt, uns kurz über die Auswirkungen der Inflation auf die Lebensmittelpreise in Brasilien und Deutschland ausgetauscht und das gegenwärtige lokale Wetter kommentiert. Mehr nicht.

Mit der Zeit wurden die Intervalle zwischen den einzelnen Briefen immer länger, bis ich eines Tages gar nicht mehr geantwortet habe. Was soll ich einem fremden Menschen schreiben, dessen Leben ich kaum kenne und das mich auch nicht interessiert? Ich fühle keinerlei Verantwortung für meine leibliche Mutter, die Tausende von Kilometern entfernt in Porto Alegre lebt. Wir haben nie zusammengewohnt, wir haben nie Krisen gemeinsam durchgestanden und überwunden, wir haben uns nie bis aufs Blut miteinander gestritten, wir haben nie zusammen gelacht und die größten Peinlichkeiten miteinander erlebt. Wir haben nie füreinander gesorgt und gefühlt. Schließlich haben Liu Mei-fen und ich auch das gegenseitige Schreiben von Weihnachtskarten eingestellt. Wir hatten uns nichts mehr zu sagen.

Nachdem ich meine leibliche Mutter gefunden hatte, nahm ich wieder mein Leben in Deutschland auf. Es fiel mir leichter als all die Jahre davor. Zu wissen, wo ich herkomme und warum geschehen ist, was geschah, hat mir eine innere Sicherheit gegeben, die ich davor nicht kannte. Ob ich nun als Josefine de Leon in Georgia bei einer amerikanischen Soldatenfamilie philippinischen Ursprungs aufgewachsen wäre oder als Josefine Ting bei meiner biologischen Mutter und meinem Doch-nicht-Vater – zuerst in Hongkong und später in Brasilien –, es spielt für mich keine Rolle mehr. Denn durch die Suche nach meinen Wurzeln habe ich erfahren, dass Blut weniger bindet als ein gemeinsames Leben. Für mich kann es deswegen immer nur ein Paar richtige Eltern geben und eine Heimat. Mit dieser einfachen Erkenntnis habe ich mir nach all diesen Jahren wieder den Boden unter meinen Füßen zurückerobert und mir ein Stück Normalität erkämpft.

Die erfolgreiche Suche nach meinen biologischen Eltern habe ich meiner Adoptivmutter lange verschwiegen. Ich kam mir dabei vor, als würde ich sie durch meine Heimlichkeiten verraten. Aber immer wenn ich es ihr sagen wollte, erinnerte ich mich daran, wie ich als Kind in der Schublade in dem Barocksekretär meine Adoptionsurkunde entdeckt hatte, und an jene Schrecksekunden, die mir für so viele Jahre den Boden unter den Füßen entzogen hatten. Ich hatte Angst, meine Mama würde ihre Mutterrolle in Gefahr sehen und vorwurfsvoll fragen: »Tinga, du hast doch eine gute Kindheit gehabt? Bin ich als Mutter nicht gut genug gewesen?«

Erst viele Jahre, nachdem ich meine leibliche Mutter gefunden hatte, war der Moment gekommen, um meiner Mama von meinem Geheimnis zu erzählen. Seit meiner Elternsuche hatte sich unsere Beziehung stabilisiert, und an ihrer Stellung als Mutter hatte sich nichts verändert. Im Gegenteil, nach den ernüchternden Erlebnissen mit meiner biologischen Mutter wusste ich, dass uns Welten und unterschiedliche Werte trennten. Da halfen auch keine Blutsbande. Enge Vertraute würden wir nie werden, und eine Familie schon gar nicht.

Meine Adoptivmutter dagegen hatte mein Leben geprägt, mir ihren Stempel aufgedrückt – so wie das Mütter in jeder ganz normalen Familie bei ihren Kindern tun. Und so wie es auch Kindern aus ganz normalen Familien passiert, verfolgen mich manchmal heute noch als Erwachsene die ungeschriebenen Codes, Rituale und Ansichten aus meiner Adoptivfamilie. Ich bin mir sicher, den Einfluss und die Fürsorge der Eltern abzuschütteln und erwachsen zu werden, ist für Kinder, die mit ihren leiblichen Eltern aufwachsen, genauso schwierig wie für Kinder mit Adoptiveltern.

Dass ich meine biologische Mutter gefunden habe, befreit mich von dem Gefühl, ein Alien zu sein. Ich bin zum Glück doch nicht vom Himmel gefallen, sondern habe wie alle Menschen zumindest einen physischen Ursprung. Endlich weiß ich, warum ich so aussehe, wie ich aussehe. Und dieses Wissen gibt mir einen Halt, den ich mir mein ganzes Leben gewünscht habe. Zugleich bin ich unglaublich stolz darauf, dass es mir gelungen ist, meine leibliche Mutter aufzuspüren. Es war eine Recherche mit vielen unerwarteten Wendungen und Zufällen. Ich habe Hilfe von mir völlig unbekannten Menschen bekommen, und das waren wirklich kostbare Schlüsselmomente. Diese Suche nach meinen physischen Eltern hat mir viel Ausdauer abverlangt und mich viel emotionale Kraft gekostet. Aber endlich am Ziel angekommen zu sein, hat mir Flügel und ein nie gekanntes Selbstwertgefühl verliehen.

Zum ersten Mal konnte ich es zulassen zu spüren, dass meine richtigen Eltern nicht meine leiblichen waren. Aber wir haben eine besondere Beziehung, eine Wahlverwandtschaft, wenn auch keine Blutsverwandtschaft. Ja, wir haben genetisch keine Gemeinsamkeiten, aber niemand kann unsere Verbindung je infrage stellen.

Noch immer fühle ich mich unwohl, wenn unbekannte Menschen die Frage nach meiner Herkunft stellen. Es ist für mich immer noch eine sehr intime Frage. Aber sie trifft mich nicht mehr existenziell. Als ich vor Kurzem bei einer Einladung einer fremden Frau von meiner Kindheit in einem bayerischen Dorf erzählte, bemerkte ich, dass sie mich immer erstaunter ansah.

»Ja, aber wie kommen denn Ihre Eltern in ein oberbayerisches Kaff?«, fragte sie schließlich.

Für einen Moment lang stutzte ich, bis ich begriff und antwortete: »Meine Adoptiveltern sind dahin gezogen. Ich bin von Deutschen adoptiert worden, verstehen Sie?« In diesem Augenblick bemerkte ich, wie leicht mir dieser Satz über die Lippen ging. Adoptiertsein war kein Stigma mehr.

Deshalb fiel es mir schließlich leicht, Mama eines Tages von meiner Suche zu berichten. Es war ein Winterabend nach dem Abendessen und vor den Nachrichten. Wir saßen im Wohnzimmer meiner Mutter.

»Du«, sagte ich und holte tief Luft, »ich möchte dir etwas sagen.«

Sie sah mich nichts ahnend fragend an.

»Ich habe meine leibliche Mutter gefunden«, fuhr ich fort.

»Wie? Wie meinst du das?«, fragte sie, und ich hatte das Gefühl, dass sie nicht begriff, was ich da gerade gesagt hatte.

»Na ja, so wie ich es gesagt habe«, erklärte ich. »Ich habe vor ein paar Jahren meine leibliche Mutter gefunden. Sie lebt in Porto Alegre in Brasilien. Aber das ist eine sehr, sehr lange Geschichte.«

Die Reaktion meiner Mutter fiel unerwartet aus. Statt tief bewegt oder misstrauisch zuzuhören, rückte sie begeistert an meine Seite und sagte: »Das klingt ja spannend. Erzähl mal.«

Und dann habe ich ihr alles erzählt.

Nachtrag

Fast drei Jahre, nachdem ich meine Mutter gefunden hatte, machte ich mich auf die Suche nach meinem Vater. Aber diese Suche habe ich nicht mehr mit der gleichen Intensität betrieben. Es war mehr der Drang, mit einem Kapitel meines Lebens endgültig abzuschließen, als die Sehnsucht, meinem leiblichen Vater gegenüberzustehen. Durch die Begegnung mit meiner leiblichen Mutter wusste ich ja, woher ich kam und wohin ich gehörte. Daran würde auch ein Treffen mit einem wildfremden älteren Chinesen nichts ändern. Aber natürlich hätte ich nichts dagegen gehabt, einer weiteren Lebensgeschichte zuzuhören – so wie der von Ting Kai-shou, dem Mann meiner Mutter, den ich lange für meinen Vater hielt.

Ich versuchte zunächst, über die Alumni Association des Chu Hai Colleges, wo sich meine leiblichen Eltern kennengelernt hatten, etwas über den Verbleib meines Erzeugers zu erfahren. Das aber gelang mir nicht. Die Schule verweigerte mir aufgrund des Datenschutzgesetzes in Hongkong nähere Informationen. Auch das Rote Kreuz in Hongkong konnte nicht weiterhelfen, verwies mich aber an das Rote Kreuz in Taiwan. Und dem gelang es, mit den wenigen Angaben, die mir Liu Mei-fen gegeben hatte, meinen Vater innerhalb weniger Monate zu finden. Allerdings hat mir diese Organisation nie die Adresse von He Chaoxiang mitgeteilt, denn das wollte er nicht. Stattdessen habe ich wenige Monate nach meiner Anfrage vom Roten Kreuz der Republik China folgenden Brief erhalten:

Dear Tinga,

bezüglich Ihres Antrags, Herrn He Chao-xiang zu suchen, können wir Ihnen mitteilen, dass wir dank der Informationen, die Sie uns gegeben hatten, erfolgreich waren. Herr He ist nach Kanada ausgewandert. Er teilte uns mit, dass er ein Schulkamerad von Liu Mei-fen in Hongkong gewesen war und seit der Graduierung den Kontakt zu ihr verloren hat. Er sagt, dass er nicht die leiseste Ahnung hat, wer Ihr Vater ist.

Mit freundlichen Grüßen
Yang De-ming, Generalsekretär
Rotes Kreuz der Republik China

Danksagung

Ohne die Ermutigung und vor allem die emotionale Unterstützung meiner Freunde hätte ich die Suche nach meinen Eltern vermutlich nie zu Ende gebracht – und schon gar kein Buch darüber geschrieben. Mein besonderer Dank gilt daher Angelika Buchholz für ihre Anmerkungen und Korrekturen, Hai-wen Lang, Richard von Schirach, Anita Lee, Karen Leslie und vor allem meinem Mann, der mich durch die Entstehungszeit dieses Buches getragen hat.

Quellen

[1]Erich Gütinger, »A Sketch of the Chinese Community in Germany. Past and Present«, in: »The Chinese in Europe«, Benton, Gregor und Picke, Frank N., 1998 Macmillan, London, S. 199–210.

[2]Peter Selman, Weltweite Trends bei internationalen Adoptionen 2001–2010, www.adoptionsberatung.at.

[3]Peter Kühn, www.adoptionsforschung.de.

[4]H. C. Ting, »Truth and Facts: Recollections of a Hong Kong Industrialist«, Kader Industrial Co. Ltd. 1974, Hongkong, S. 21.

[5]Weisheng Liu, »History of Ningbo«, Aufsatz, 2005, Wildflowers Institute, San Francisco.

[6]H. C. Ting, a. a. O., S. 57.

[7]J. Liu and M. Carpenter, »Trends and Issues of Women's Education in China«, Juli/August 2005, Artikel erschienen in der US-Zeitschrift The Clearing House, Vol. 78, No. 6, S. 277.

Werde Teil der Bastei Lübbe Welt
You Tube
www.luebbe.de/ Meinewelt
Lesen, rezensieren, Bücher gewinnen
Lerne Autoren, Verlagsmitarbeiter und andere Leser kennen